学生用书

大学生心理健康

主　编：韦　炜　副主编：周　曦

主　审：张纪梅

年级专业班级：_____　　姓名：_____　　学号：_____

厦门大学出版社　国家一级出版社
XIAMEN UNIVERSITY PRESS　全国百佳图书出版单位

图书在版编目(CIP)数据

大学生心理健康. 学生用书/韦炜主编.—厦门:厦门大学出版社，2018.8(2021.7 重印)
ISBN 978-7-5615-7057-9

Ⅰ.①大…　Ⅱ.①韦…　Ⅲ.①大学生-心理健康-健康教育-高等学校-教材　Ⅳ.①G444

中国版本图书馆 CIP 数据核字(2018)第 196304 号

出 版 人	郑文礼
策　　划	厦门大学出版社高校图书代办站
责任编辑	王扬帆　高奕欢
美术编辑	蒋卓群
封面设计	赖日成
版式设计	领界设计机构

出版发行	厦门大学出版社
社　　址	厦门市软件园二期望海路 39 号
邮政编码	361008
总 编 办	0592-2182177　0592-2181406(传真)
营销中心	0592-2184458　0592-2181365
网　　址	http://www.xmupress.com
邮　　箱	xmup@xmupress.com
印　　刷	厦门集大印刷有限公司

开本	889mm×1194mm　1/16
印张	9.75
字数	240 千字
印数	7 001～11 000 册
版次	2018 年 8 月第 1 版
印次	2021 年 7 月第 3 次印刷
定价	32.00 元

厦门大学出版社
微信二维码

厦门大学出版社
微博二维码

主　编：韦　炜　副主编：周　曦

主　审：张纪梅

编　者：（按姓氏笔画排列）

　　　　刘榆红　林珠梅　周自谦　黄雷晶　康　荔

秘　书：黄雷晶

厦门医学院心理健康中心

序

心理健康教育是提高大学生心理素质、促进大学生身心健康和谐发展的重要途径，是高校人才培养体系的重要组成部分。2011年国家教育部颁发《普通高等学校学生心理健康教育课程教学基本要求》，要求各高等院校结合本校实际，制订科学、系统的教学大纲，保证学生在校期间普遍接受心理健康教育课程教学。因此，该课程也成为高校开展心理健康教育工作的主要载体。

我校历来非常重视大学生心理健康，早在2007年就将"心理健康"设置为必修课。经历了"传统理论教学""理论教学与体验式结合"，到"体验式教学"三个阶段的尝试和改革，最终形成了在普通教室就可以进行的体验式活动方案。本次课程改革旨在践行以学生为主体的教育理念，满足学生多元化的心理需求，以生活实际为教学内容，以亲身体验为课堂主旋律，设计了有针对性、有内涵、有活力、有实效的系统化体验式教学方案。将心理健康的深层知识与技能，通过系统的、在传统教室空间下就可开展的体验式活动来达成。通过营造安全、温暖的探索环境和人际环境，使学生由传统的受教育者"客体"变身为教育活动的"主体"，体验到课程的主体感，积极参与，进而让学生觉察自我，直接内化心理健康知识，优化心理素质。

本教材的前身是由我主编、人民卫生出版社出版的卫生部"十一五"规划教材《大学生心理健康教育》，该教材重点对教学内容进行了大刀阔斧的改革，并初步进行了体验式教学设计的尝试。本次出版的教材，基于多年心理健康课程建设和改革的实践，在前期教学内容改革的基础上，对教学模式进行了大胆的改革，将体验式教学贯穿教材设计基本过程，形成了可以在传统教室进行的体验式教学方案。

本教材的编者均为多年从事大学生心理健康教育、教学的专职教师。教材的设计和编写，几易其稿，每一个章节，每一个活动，都经过了多次集体讨论。全书集中了教学团队的集体智慧和力量。经过几轮的内部试用和修改，现得以公开出版。课程改革充分发挥了课堂教学在大学生心理健康教育工作中的主渠道作用，成果于2017年先后获得厦门医学院教学成果一等奖、福建省教学成果二等奖。相信，这套教材会成为大学生心理健康教育工作者的实用手册。

在本教材即将出版之际，适逢中共中央教育部党组印发《高等学校学生心理健康教育指导纲要》。作为一名在大学生心理健康教育领域耕耘三十余年的老教师，我倍感欣慰，深受鼓舞。借此机会，我由衷祝愿大学生心理健康教育事业在专业化的道路上日新月异，为培养新时代中国特色社会主义事业接班人做出应有的贡献。

厦门医学院　张纪梅

2018年7月

前 言

2011年，教育部印发《普通高等学校学生心理健康教育课程教学基本要求》（教思政厅〔2011〕5号），文件指出"心理健康教育课的教学内容设计应注重理论联系实际，力求贴近学生。应通过案例教学、体验活动、行为训练等多种形式提高课堂教学效果，通过教学研究和改革不断提升教学质量"。可见，心理健康课不能只针对知识的传授，而应该更注重心理体验和行为训练。但以往的体验式活动，由于其活动的设计，往往都需要宽敞的平地空间，通常在特定的团体活动室进行。

本次改革注重心理体验与行为训练，教学设计方案充分考虑到普通教室的场地条件，解决了"团体辅导式"心理健康课程场地要求高、受益人数少的问题，创新、系统地设计了在普通教室就可以进行的体验式活动方案，并分别编辑成《大学生心理健康·教师用书》和《大学生心理健康·学生用书》。《大学生心理健康·教师用书》包含详细的活动设计方案，同时为方便教师操作还加入了"操作要点""典型回应""总结提升"等部分。《大学生心理健康·学生用书》主要用于学生参与活动时的记录与反思。

本书首先选取针对学生可能遇到的各种心理困境的解决技能，如生涯发展、压力管理、人际交往、恋爱与性等；其次，服务于学生未来的成长与发展，如悦纳自我、生命探索、人格健全等。内容体系紧贴学生生活实际，科学、系统地激发学生兴趣，共十六个章节。

本书是我校心理健康中心全体教师在近年课程建设和改革的基础上，共同努力创新的结晶。由张纪梅、韦炜负责课程和教材的框架设计，韦炜负责《教师用书》和《学生用书》编写大纲、编写要求的设计以及教材编写工作的组织与实施。韦炜、周曦、康荔、刘榆红、林珠梅、周自谦、黄雷晶编写相应章节。张纪梅对全书进行了审校。每位参编教师都乐于投入，态度严谨，精益求精。在此，对参加编写工作的每一位老师的辛勤付出表示诚挚的感谢。还要感谢甘元蓉、孔思如两位老师先后在多轮集体讨论与修改中的付出和参与。在课程改革和教材编写过程中，还得到了学校领导、教务处的大力支持和指导，在此特别致谢！另外，我们还参阅引用了很多同行的文献资料与成果，对此也深表谢意。最后还要感谢厦门大学出版社及高奕欢编辑为本书付出的努力。

本教材是我们对多年教学改革的总结和初步尝试，由于我们水平有限，教材中难免存在不足甚至错误，恳请大家批评指正。

厦门医学院　韦　炜

2018年7月

目 录

第一章 适应大学生活

理论知识

一、什么是适应

托尔斯泰说："世界上有两种人：一种是观望者，一种是行动者。大多数人都想改变这个世界，但没有人想改变自己。"当来到新的环境，极少数人会立刻感到如鱼得水，因为这正是他们所期盼的环境；而更多的人则或多或少会遇到一些不太顺心的事情，需要磨合，需要包容，需要改变。这就是适应。

心理学中将个人为与环境取得和谐的关系而产生的心理和行为变化定义为适应，它是个体与各种环境因素不断改变的相互作用过程。这个过程是动态的、不断协调的。

二、适应不良的表现

当生活、学习和工作环境发生了重大改变，个体的心理、行为无法适应，出现异常，轻者表现为困惑、苦闷、迷失、烦躁、失眠或日夜颠倒，不善与人交往，难以融入新环境，情绪不稳，冲动任性，会无故叫喊、无耐心、注意力不集中等等；重者容易诱发各种心理障碍和心理疾患，甚至出现各种犯罪或自杀倾向。这种因环境改变所致的精神上的紧张、困扰，从而思想上、情感上和行为上发生了偏离社会生活规范轨道的现象称为"适应不良综合征"（Social Malajustment Syndrome，SMAS）。

在大学生活中，适应不良主要有如下表现：

1. 重要人际关系的丧失引起的孤独

首先，体现在失去了对家庭的完全依赖。过去生活中许多事由家长代为打理，现在需要自己全权决定，比如需要自主支配经济、料理生活起居等，最需要父母的时候也常常得不到及时的帮助，这或许会使初次离家独居的同学感到无助。当然，对于已经具有较多独立生活经验的同学来说，面临的困难就少很多。

其次，对老师的依赖也减少了。中学时代的学习和工作多由老师主导，学生负责完成。但到了大学，学生突然成为几乎所有事务的主导人，没有人帮忙制订计划，也没人督促完成，老师只在必要时给予辅助，这让部分同学感到彷徨。

最后，中学时要好的朋友突然分离，而结交新朋友还需要时间，这直接导致不少同学在大学的最初几个月感到孤独、困窘、无处倾诉。部分同学与恋人第一次分开，甜蜜的同时也有距离带来的思念和无奈。这些都是需要逐渐克服的"丧失感"。

2. 生活自理能力差异和宿舍人际关系问题带来的烦躁和无助

每个同学的生活技能和熟练度有所不同，因此当与他人共同生活时，自理能力相对较弱的同学可能会产生一定程度的自卑感。而初次与陌生人共处一室，朝夕相对，生活习惯和思维方式的不同都可能导致碰撞与摩擦，学会求同存异、让步与坚持是成长路上必经的一道坎。

3. 学习方式的变化引起的困惑

大学阶段的教学方式和学习方法都与高中阶段迥异，课程内容多、授课速度快、专业性强、自主学习为主，强调学生学习的主动性和自学能力。不再以教师为核心的教学方法和氛围，在给予学生充分自由度的基础上，也让学生体会到了自由之上的负担和责任。怎样分配时间、安排自己的学习、尝试寻找适合自己的学习方法和技巧，这些都是高中到大学的巨大改变，也是同学们面临的较大挑战。

三、直面适应不良，找到人生方向

有研究表明，大学新生从"陷入彷徨迷失"到"走出困境"，32%的学生需要3～5个月，54%的学生需要1～2年，还有14%的学生需要更长时间。

但碍于面子或害羞心理，对环境变化存在适应困扰的同学往往极少与人谈及自己的困难，并误认为其他人并没有这样的问题，从而进一步加深自卑与自责，更难平和地融入新环境。

从高中到大学，不一定是人生经历中最大的转折点，但必然是极重要的一个。我们从父母的羽翼下走出，离开熟悉的朋友和环境，来到陌生的城市、接触不同层次的丰富的人际关系、与陌生人同居一室、第一次真正掌控自己的生活，如此多的改变同时冲击着我们的心灵，不适应几乎是必然的。即使在家附近读书的同学，大都也要面临其中几项变化，或多或少会因此感到一些无奈、失落、孤独乃至愤怒。

直面自己的困扰，并告诉自己，会面临这些问题，并非因为自己懦弱，而是人在面临改变时正常的心理变化。这种心理困扰持续的时间或长或短，但终将过去。

参考文献：

黄雄志，刘敏. 新编大学生心理健康 [M]. 北京：中国轻工业出版社，2017.

课堂活动

一、暖身活动

活动：拍手歌

备选活动：抓乌龟

二、适应新环境

活动：找变化

（1）我感受到的变化

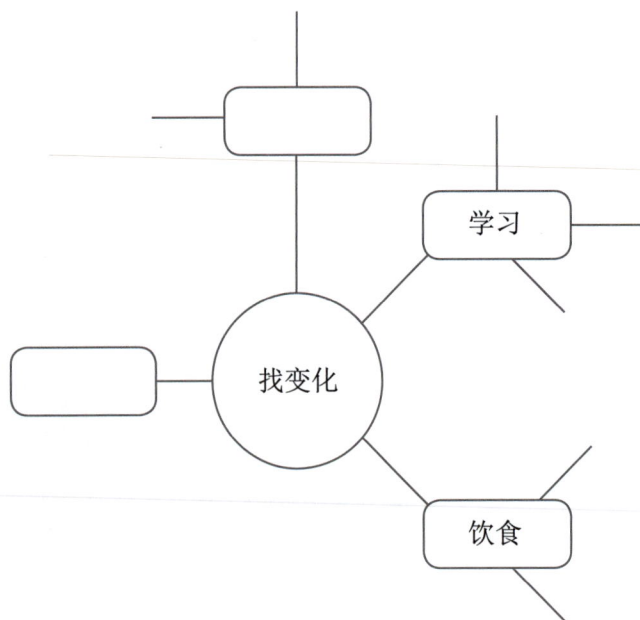

（2）我更关注的是哪方面的变化？

（3）是否有哪些方面的缺失？请补充在这里。

（4）面对这样的变化，我此刻的心态如何？我的行动是什么？

（5）应对变化的过程中，我有哪些收获？

三、结交新朋友

活动1：我、你、我们

我喜欢吃＿＿＿＿＿＿＿＿

我喜欢＿＿＿＿＿＿＿书

我喜欢的颜色是＿＿＿＿＿＿

我喜欢的影视作品／节目是＿＿＿＿＿＿＿＿＿＿＿

我喜欢＿＿＿＿＿＿明星

我喜欢＿＿＿＿＿＿体育运动

我穿＿＿尺码的鞋

我来自＿＿＿＿＿＿＿＿省／市

我不喜欢吃_____

我不喜欢_____书

我不喜欢的颜色是_____

我不喜欢的影视作品／节目是_____

我不喜欢_____明星

我不喜欢_____体育运动

我的兴趣爱好是_____

我是_____月份出生的

我得到的签名共计____人次

我获取签名的方式是：

□主动出击型

□被动接受型

□第三型

日常生活中我的交际方式是：

□主动出击认识别人

□被动接受等别人来找我

□第三型

活动2：吐露心声

1. 你喜欢／讨厌这个城市吗？为什么？

2. 你喜欢这里的气候、饮食吗？

3. 这里和你家乡有什么不同之处？

4. 当你知道被这个专业录取了，第一反应是什么？

5. 你喜欢当前专业吗，是否后悔过？

6. 是什么原因让你选择了这所学校与专业？

7. 大学生活和想象中的有什么区别？

8. 如果上天再给一次机会，你想怎么选择？

9. 还记得来到学校第一个认识的人是谁吗？

Ø **请给本节课一个评价吧：**

教师本次课的表现：☆☆☆☆☆

课程设计和活动编排：☆☆☆☆☆

班级课堂氛围：☆☆☆☆☆

我的参与程度：☆☆☆☆☆

（韦　炜）

第二章
大学生常见心理困惑与异常心理

理论知识

一、什么是心理健康

心理健康是指个体的生理、心理、社会适应和道德品质的良好状态。心理健康是一种动态平衡的状态，这种状态可能会因为某些事件的发生而暂时失去平衡。

当个体的心理由于某些生活事件而失去平衡，处于焦虑、恐惧、压抑、矛盾等状态，这个状态被称为心理不健康。进入心理不健康状态时，绝大部分个体会调动自身及周边的资源来进行自我调节，以恢复正常状态。

若外部事件持续存在，且其刺激强度远远超过个体的承受范围，在没有外部支持的情况下，个体的心理可能没有办法恢复平衡，从而引发一般心理问题、严重心理问题，甚至心理异常。

心理异常，也叫异常心理，是指个体的心理活动和行为明显偏离了正常状态，丧失了正常心理的功能，它不只和个体的生活事件有关，还与人格发展缺陷等有特定的联系。异常心理包括：神经症、人格障碍、精神分裂症等。

二、大学生心理发展的特点

大学生一般年龄在17～23岁之间，处于青年期。青年期是人的一生中心理发展变化最激烈的时期，处在这一特定发展阶段的大学生们，由于心理发展不成熟、情绪不稳定，心理冲突、矛盾时有发生，极易适应不良，出现心理困惑和异常心理。影响大学生心理健康的个体心理因素可以概括如下：

1. 自我同一性的危机

个体在读高中以前，有明确的努力与奋斗目标，那就是要考上好的大学。但进入大学后，他们就必须开始思考自己与未来职业、社会的各种关系，于是就开始了不断反思、探索、思考人生的心路历程，这一过程需要将自身的理想、人生观、价值观、动力、能力、信仰等进行整合，即确定"自我同一性"。然而，建立自我同一性并不是一蹴而就的事，这种思考和选择困难重重，使青年人不可避免地面临着自我同一性危机。

2. 心理发展不成熟

同样的环境刺激，不同的个体会有不同的反应，这与个体的人格特质有直接关系。性格过于内向、孤僻封闭、自卑忧郁、急躁冲动、多疑等特质的个体，相对更容易患心理疾病。

3. 情绪的不稳定性

大学生的情绪处在最动荡和最复杂的时期。他们有着丰富而强烈的情感需求，各种需求的不满足容易引发各种情绪动荡，此时，与同伴沟通交流的不足，加上情绪高峰时冷静思考的不足，使得他们的苦恼雪上加霜。

4. 性生理和性心理的发展不平衡

大学阶段，人的性生理发育成熟，但由于条件、身份等限制，其性欲望常被限制和压抑。大多数学生可以通过学习、娱乐、社交等途径使性能量得到释放、升华或补偿，但少部分学生可能因此产生心理困扰。

三、心理困惑的一般应对

1. 正视问题

2. 合理作息，适当锻炼

3. 积极寻求社会支持

4. 寻找专业的心理咨询师帮助

课堂活动

应对心理困惑与异常心理

活动：大学生活烦扰

主题：

（1）适应；（2）学习；（3）人际；（4）恋爱；（5）婚前性行为；（6）异常心理

本组主题：（　　　　　　　　）

请同学先根据本组抽中的主题进行发散思维，尽可能多地思考该问题在大学生中可能有的表现，并选择一种表现进行聚焦。

组长：　　　　　主讲人：

我的观点是（包含问题的原因及解决方案）：

我们的观点是：

知识窗

抑郁症

抑郁症是一种以抑郁情绪为突出症状的心理疾病。抑郁症表现为忧郁和厌世等心理特点，有凄凉感，常唉声叹气，对人对事物失去兴趣，常头痛、心烦、多恐惊梦、乏力、腹泻、睡眠出现问题等。病症严重时，还会有强烈的厌世感，甚至有自杀念头。抑郁症往往是由于神经系统失调而使个人遭遇无法控制的情感，作为心理健康人的我们没有理由站在道德的制高点去指责抑郁症患者，这样不公平也不科学。你也许会觉得"个人无法控制的情感"这个词有点荒谬。外在因素才是不可控的，比如天气、房价、地铁站的人口密度。而感情是自己的，有什么不能控制呢？为了高兴的事而笑，遇到伤心的事而哭，这不都凭自己意愿来的吗？对普通人来说确实是这样，但别忘了我们的"意愿"也是建立在生理基础上的，生了病的大脑会改变我们的意愿。人的情感和视觉、听觉、语言、记忆一样，都是大脑所产生的功能。当神经细胞出了问题，一些常人可以承受的刺激在患者脑中却引起严重的负面情绪。他们好像经常毫无来由地闷闷不乐，我们将此归结于性格不好，孰不知是他们失去了获得快乐的脑功能，不能像普通人一样从美好的事物中得到享受。指责抑郁症患者不坚强，和指责聋哑人不说话一样，是没有道理的。因此若得了抑郁症，也并不是他脆弱，不够坚强。

Ø 请给本节课一个评价吧：

教师本次课的表现：☆☆☆☆☆

课程设计和活动编排：☆☆☆☆☆

班级课堂氛围：☆☆☆☆☆

我的参与程度：☆☆☆☆☆

（韦　炜）

第三章
走近心理咨询

理论知识

一、什么是心理咨询

心理咨询是心理咨询师帮助求助者解决心理问题的过程。在这个概念中，心理咨询师需要掌握心理学基本知识，具备相应的职业素养，熟练运用各种心理学的理论方法。求助者是有一定的心理困扰，并且能够主动寻求心理帮助的人。而心理咨询的过程，有开始、持续、发展和终止等阶段，并不是立竿见影、一蹴而就的。

心理咨询根据人数不同，分为个体咨询和团体咨询，根据商谈形式的不同，有面对面咨询、电话咨询和网络咨询等。

二、为什么要心理咨询

心理咨询的目的很多，大致有以下几种：

1. 帮助来访者处理情绪困扰，促进具体问题的解决。

2. 促进来访者对自身以及问题的接纳，从而实现心理健康。

3. 促进行为模式的觉察与改变。

4. 使来访者体验并内化咨询师的人际能力，提高人际适应性。

5. 促进来访者人格的成长、自我实现和潜能的发展。

三、心理咨询的内容

心理咨询可能涉及的问题有：人际关系问题，包括具体的人际冲突、人际关系敏感、人际技巧缺乏等；恋爱问题，包括失恋的创伤和情绪困扰、恋爱中冲突的处理、与性有关的话题等；家庭问题，包括童年的创伤、与亲人的关系、与父母的沟通、家庭中的具体问题对自己的影响等；自我问题，包括自我评价低下，自我认识不足等；情绪问题，包括负性情绪的觉察和处理，以及过度的情绪反应的调节等；学习问题，比如缺乏学习兴趣、注意力不集中、缺乏学习动机、学习方法不当、考试焦虑等；适应问题，包括学习、环境、人际关系等的适应；求职择业问题，包括职业兴趣的测评、求职方向或技巧的咨询等。

上述属于发展性心理问题的咨询。还有少部分存在心理障碍的个体，由于现实的原因无法及时接受心理治疗，以及由于存在自伤或伤人风险而危及生命安全的个体，可能来寻求心理帮助，都属于适应性心理问题的咨询。

四、心理咨询的原则

到现在为止，大约有250种不同的心理咨询流派，不同流派之间使用的心理技术有很大的差别。但是，不管是哪个流派的咨询师，都会遵守下述工作原则。

1. 保密性原则，就是咨询师尊重和保护来访者的个人权利与隐私，对来访者的姓名、信息、资料、谈话内容等进行保密。但传染病、自伤或伤人、法律问题，或咨询师为了技术提高进行督导等情况属于保密例外。保密原则是心理咨询的至高原则。

2. 关系的和谐性原则，是指咨询师要主动与来访者建立良好的关系。通过咨询，使来访者体验到咨询师无条件的积极关注，对于其情感的理解、回应和接纳，以及真诚，犹如一个母亲的爱，或者一个旅途陪伴者的支持和关怀，从而激发来访者解决问题的能力以及内在力量。

3. 价值中立原则，是指咨询师在咨询的过程中，客观、中立地面对来访者及其问题。不评判，也不替来访者做出选择和决定。

4. 亲友回避原则，心理咨询须回避亲友甚至熟人，以免原来的人际关系背景影响咨访关系的建立，以及保密、价值中立等原则的实施。

5. 助人自助原则，这一原则有两层意思：一是指使来访者自己帮助自己，包括激发其成长的力量，做出选择和改变等，强调来访者的自主性；二是指在帮助来访者成长和改变的同时，咨询师本人也能获得成长和改变。

6. 当下原则是心理咨询的终极原则。通过与咨询师的关系，在与咨询师此时此刻的互动中，来访者处理了过去遗留的伤痛，放下了对未来的忧虑，更好地活在当下。

以上原则是心理咨询工作能够顺利开展和产生效果的基础。

课堂活动

一、心理咨询的目的

活动：球的轨迹

备选活动：聚光灯

二、心理咨询中的支持

活动1：Cosplay"病人"与"咨询师"

1. 我近期的主要困扰和感受。

2. "咨询师"对我的问题给出的看法或建议（分点概括）。

活动2：支持与探索

1. 你收获了什么？能不能具体描述一下？

2. 现在，请再谈谈你的困扰。

3. 你的困扰对你的影响是什么？

4. 你收到的建议是什么？

5. 聚焦其中的一条建议谈一谈。

6. 你的困难是什么？

7. 你注意到什么？

8. 你想到什么？

9. 你感受到什么？

10. 你在做什么？

11. 你准备怎么做？

12. 你有没有忽略什么？

13. 现在，你的困扰发生了什么改变？

Ø 请给本节课一个评价吧：

教师本次课的表现：☆☆☆☆☆
课程设计和活动编排：☆☆☆☆☆
班级课堂氛围：☆☆☆☆☆
我的参与程度：☆☆☆☆☆

（刘榆红）

第四章
规划大学生活

理论知识

一、规划大学生活的理由

部分大学生存在忽视时间、浪费时间、迷茫、缺乏规划等问题，因此需要好好地规划大学生活。

1. 大学时光很宝贵

大学时期是人生中最为关键的时期。但大学时间是短暂的，对所有人来说都只有一次，而一次的大学生活约为3～5年，所有人都应当认真把握每一个"第一次"，让它们成为未来人生道路的基石；也要珍惜每一个"最后一次"，不要让自己在不远的将来追悔莫及。

2. 规划对于未来有指引意义

今天的生活状态不由今天所决定，它是我们过去生活目标的结果；明天的生活状态不由未来决定，它将是我们今天生活目标的结果。因此，一个好的规划，可以指引我们到达想要的未来。

二、规划大学生活的内容

大学生活既如此宝贵，那应该如何进行，才让自己在毕业时，回首大学生活，不因碌碌无为而悔恨呢？

1. 规划专业学习

中小学阶段的价值是基础知识的全面学习和积累，而大学阶段则是人们根据自身的条件有选择地进行专业学习为未来职业准备的阶段。因此，学好专业知识，提高专业素养，有助于大学生毕业后更好地在社会中找到自我价值。

2. 规划课外生活

课外生活包括娱乐休闲、人际交往、体育锻炼、心理成长、社会能力培养等。大学相对于中学来说，课余时间更多了，课外生活更丰富了，这时候可以充分利用这个机会，通过参加社会活动、志愿者活动等，发现自己兴趣爱好，培养自己的各项能力，提高自己的各项素质等。

三、大学目标的制定

一个好的目标是清晰、具体、明确、可量化、有时间限制的，能帮助我们更好地完成计划，达到目标。

S（Specific）：目标要具体的、可确定的。明确到每一个时间段具体完成什么样的任务。如两个大二学生学期开始时一起制订学习计划，一个人的学习目标是通过英语四级考试，另一个人的学习目标是提高英语水平。第一个人的计划就是具体、明确的，第二个人的学习目标就显得有些虚无缥缈。怎样叫提高英语水平？这个计划太过抽象，在实施过程中由于很难判断是否达到最终目标而最容易被放弃。

M（Measurable）：表示目标可以衡量、可以量化。最终目标是具体的，但还得将它量化成明确可衡量的目标。比如用一学期的时间通过大学英语四级，这个目标是具体的，但同时还可以进行量化，量化成每天学习50个英语单词，完成3篇阅读理解等等。

A（Achievable）：指目标可以达到、可以实现。在制订学习计划时，很多人容易犯好高骛远的毛病。这种学习热情是好的，但必须考虑到计划最终能不能完成。例如一个4分钟跑800米都困难的同学计划一个月内可以一小时跑10千米。这个目标具体，因为当一小时内跑完10千米就知道目标完成了，并且可以测量，可以计划每周锻炼三次，但是针对这位同学的实际水平，第一个月就要实现这个目标，目标太大，不符合实际情况。

R（Relevant）：指实现此目标与其他目标的关联情况。如果，实现了这个目标，但与其他目标完全不相关，或者相关度很低，那这个目标即使达到了，意义也不大。如护理专业学生学习英语，将来在工作岗位上可以用得上，因为将来可以从事英语护理，从事涉外服务；如果学习一些心理学的知识，也可以，因为在我国护理工作已经越来越注重人文关怀，但若去学习经济，这一目标与学好本专业这一大目标的相关度就比较低了。

T（Time-limited）：字面意思是说要在有限的时间内完成计划，深层含义为对计划进行有效的时间管理。这一个学习计划要多长时间完成，在不同的时间段计划任务有什么不同，在制订计划的时候都必须将这些因素考虑清楚。特别是好几个不同的学习计划并存的时候，就更要考虑每个计划目标的轻重缓急和合理调配。失去了时间限定的紧迫感，一个学习计划往往就会在实施中被打乱既定节奏，一拖再拖，到最后不了了之。

这五个单词的首个字母加起来，就是SMART原则。掌握好SMART原则的五点内容，可以帮助大学生确立一个具体可行的大学生活目标，沿着这个目标，一步步去努力达成人生目标。

课堂活动

一、时间都去哪了

活动：时间馅饼

时　间	事　件

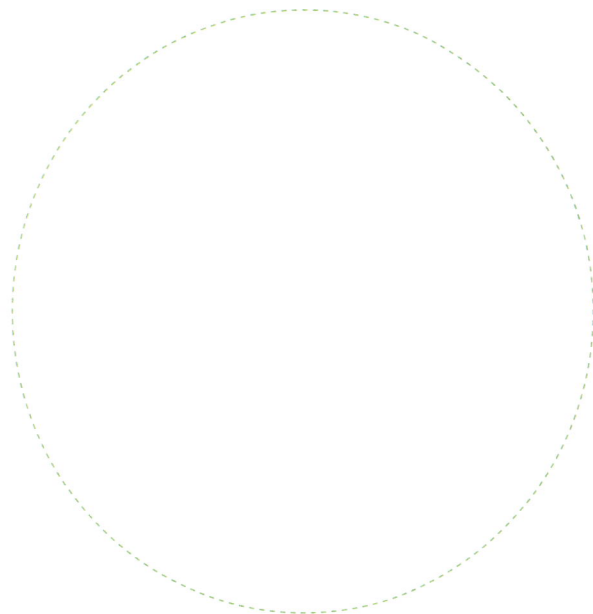

现实时间馅饼

时　间	事　件

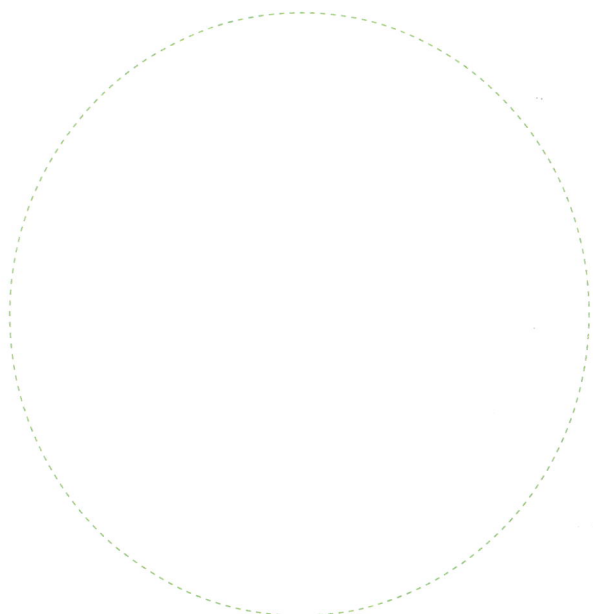

规划后的时间馅饼

1. 现实馅饼中，时间主要都用于_____类型（学习、人际、社团、娱乐等）。

2. 目前的时间和精力安排是否满意？感受如何？

_____。

备选活动：大学成本

1. 我的年均学习成本 =_____元。[年均学习成本=学费+书杂费+住宿费+月生活费（含伙食费、电话费、上网费、水电费、交通费、购物、其他消费等）×9个月+其他]

2. 我的大学学习成本 =_____元。

3. 我每天的学习成本 =_____元。

4. 我每节课的学习成本 =_____元。

5. 分享讨论：

计算完大学的成本后，我的感受是？

二、岗位需求

活动：竞争上岗

1. 我认为的：

第一类人才：_____。

第二类人才：_____。

第三类人才：_____。

2. 小组公认的：

第一类人才：_____。

第二类人才：_____。

第三类人才：_____。

3. 全班公认的：

第一类人才：_____。

第二类人才：_____。

第三类人才：_____。

4. 我的简历：

5. 面对前面我认为的、小组公认的、全班公认的各类人才，对比自己的简历，我的感受是？

6. 当你在应聘时，会因为压力大、难度大等原因而降低自己的要求，选择月薪更低的工作吗？为什么？

三、规划大学生活

活动：大学生活平衡轮

名称：＿＿＿＿＿＿＿＿　　　　　名称：＿＿＿＿＿＿＿＿
现在：＿＿＿＿＿＿＿＿　　　　　现在：＿＿＿＿＿＿＿＿
理想：＿＿＿＿＿＿＿＿　　　　　理想：＿＿＿＿＿＿＿＿

10

5

10　　　　　　　　　　　10

5　　　　　　　　　5

名称：＿＿＿＿＿＿＿＿　　0　　名称：＿＿＿＿＿＿＿＿
现在：＿＿＿＿＿＿＿＿　　　　　现在：＿＿＿＿＿＿＿＿
理想：＿＿＿＿＿＿＿＿　　　　　理想：＿＿＿＿＿＿＿＿

5　　　　　　　　　5

5

10　　　　　　　　　　　10

名称：＿＿＿＿＿＿＿＿　　　　　名称：＿＿＿＿＿＿＿＿
现在：＿＿＿＿＿＿＿＿　　　　　现在：＿＿＿＿＿＿＿＿
理想：＿＿＿＿＿＿＿＿　　10　　理想：＿＿＿＿＿＿＿＿

1. 从平衡轮中你注意到了什么？

2. 最重要的一个领域

领域名称：＿＿＿＿＿＿＿＿＿＿＿＿＿＿＿

讨论前目标：＿＿＿＿＿＿＿＿＿＿＿＿＿＿＿＿＿＿＿＿＿＿＿＿＿＿＿＿＿＿＿＿＿

具体（　　）①这个目标具体吗？怎样可以更具体些呢？

可控（　　）②这个目标是你能够决定和把控的吗？（如果不能，如何换成能把控的角度来阐述／如果能，哪些因素会影响这个目标的实现？）

难度（　　）③这个目标在大学期间容易实现吗？（很容易，试着提高难度/不容易，会不会太难？能不能变得更可行些？）

讨论后目标：＿＿＿＿＿＿＿＿＿＿＿＿＿＿＿＿＿＿＿＿＿＿＿＿＿＿＿＿＿＿＿＿＿

①你希望怎么做？

②你真正做了的是哪些，做到了的频率？

③你回避了什么/你没做什么？

④目标的进展计划大致如何？

行动第一步：

行动计划与频率：

3. 最后回顾时间馅饼活动，思考如何合理安排自己的时间，在时间馅饼活动中写下你对于那一天时间的重新安排，并画出规划后的时间馅饼。

4. 大学的三个关键词：（　　　　）、（　　　　）、（　　　　）

知识窗

目标的导向作用

哈佛大学有一个非常著名的关于目标对人生影响的跟踪调查。调查对象是一群智力、学历、环境等条件都差不多的年轻人，调查结果发现：27%的人，没有目标；60%的人，目标模糊；10%的人，有清晰但比较短期的目标；3%的人，有清晰且长期的目标。长达25年的跟踪研究结果显示，他们的生活状况及分布现象十分有意思。3%的人25年来几乎都不曾更改过自己的人生目标。25年来他们都朝着同一个方向不懈地努力，25年后，他们几乎都成了社会各界的顶尖成功人士，他们中不乏白手创业者、行业精英、社会精英。

那些占10%的有清晰短期目标者，大都生活在社会的中上层。他们的共同特点是，那些短期目标不断被达成，生活状态稳步上升，成为各行各业的不可或缺的专业人士。如医生、律师、工程师、高级主管等等。

其中占60%的模糊目标者，几乎都生活在社会的中下层面，他们能安稳地生活与工作，但都没有什么特别的成绩。

剩下27%的是那些25年来都没有目标的人群，他们几乎都生活在社会的最底层。他们生活都过得很不如意，常常失业，靠社会救济，并且常常都在抱怨他人，抱怨社会，抱怨世界。

调查者因此得出结论：目标对人生有巨大的导向性作用。成功，在一开始仅仅是自己的一个选择。你选择什么样的目标，就会有什么样的成就，有什么样的人生。

Ø 请给本节课一个评价吧：

教师本次课的表现：☆☆☆☆☆
课程设计和活动编排：☆☆☆☆☆
班级课堂氛围：☆☆☆☆☆
我的参与程度：☆☆☆☆☆

（韦　炜）

第五章　学习新概念

理论知识

一、什么是学习动机

心理学将动机定义为激发、引导和维持行为的内部过程。动机对人类的影响就好比是发动机与方向盘对汽车的作用。学习动机是激发与维持学生的学习行为，并使之指向一定学业目标的内部过程。

二、动机对于学习的影响

学习动机影响学习效率。适度的学习动机能提高学习效率，但过弱或过强的动机都会降低学习效率。

缺乏学习动机的表现：（1）无明确的学习目标和学习计划，抱着得过且过的心态混日子，不考虑将来的前途问题，更遑论远大的理想与信念；（2）在学习活动中拖拉散漫，缺乏组织纪律性，例如旷课、迟到、早退、课上从事与课程无关事项、作业抄袭、考试作弊等；（3）在日常生活里对吃喝玩乐情有独钟，浪费大好时光却无动于衷，沉迷游戏、小说或在网络世界中寻求精神寄托。

学习动机过于强烈的表现：（1）期望过高。由于对自身缺乏合理的认识，制定的目标远远超过了自身的实际水平，长期无法达成目标，不仅挫伤学习的积极性，还可能导致自卑、抑郁等心理问题；（2）把学习的效用夸大化，甚至存在比较极端的信念，如：这门课程没学好会挂科，挂科可能会留级，甚至拿不到毕业证，没有毕业证就找不到好工作，没有好工作就无法成家立业，这辈子就毁了，结论是这门课没学好我就毁了。这种不合理的夸大化的信念产生巨大的心理压力，常导致学习焦虑和考试焦虑。

耶克斯（Yerks）和多德森（Dodson）研究发现，动机强度与工作效率之间呈现一种特定的函数关系，动机过弱或动机过强都会使工作效率下降，各种活动都存在一个最佳的动机水平。因此，学习任务难度较小时，可适当提高学习动机，给自身施加一些紧迫感；学习任务难度较大时，应适当降低学习动机，减轻自身压力。

三、激发学习动机

1. 树立人生的目标，追求自我实现

人本主义学家马斯洛提出一个概念叫"自我实现的需要"，自我实现是指个体的各种才能和潜能在适宜的社会环境中得以充分发挥，实现个人理想与抱负的过程，在实现自我潜能的过程中个体获得极大的满足。为了追寻自我实现，必须经历漫长的自我探索，关于"我是谁，我的个性特点，我的兴趣爱好与特长，我适合做什么，我的将来与当下的大学学习有什么联系"等。这样的自我探索并非一蹴而就，但这是每一个人从学校到社会，从未成年到成年过渡期间所必须经历的过程，有的人选择在大学逃避这些问题，有的人则较早对这些问题进行探索。

2. 试着爱上你的专业

如果目前你就读的专业正好是你自主选择的，也是你感兴趣的，那么真的要恭喜你，你已经比周围绝大多数的同学要幸运得多，至少你明白你想要的是什么并得偿所愿。在大学期间最重要的是别让自己的专业兴趣被枯燥生硬的理论知识、繁多的考试所磨灭，珍视你的求知欲与好奇心，在专业的道路上坚定不移地走下去。

倘若你受父母所迫，或者被学校调剂安排到现在的专业，请不要灰心，更别轻言放弃。你所喜欢的专业未必是最适合你的，而你所排斥的专业，可能随着学习的深入，你会渐渐发现它的魅力，被它所吸引。平日里多和任课教师、辅导员、学长学姐、从事本行业的人员交流，了解这个专业的概貌，也许能从中找到你感兴趣的方向。当然，你付出许多努力后可能依旧无法适应这个专业，你还可以尝试转专业、辅修第二专业，或者准备跨专业的继续深造，机会总是留给有准备的人。

3. "外部动机"与"内部动机"的和谐共处

外部动机是由个体从事的活动以外的刺激诱发而产生的动机。活动本身并不能给个体带来直接的满足，但通过这种活动得到的收获令个体满足。例如，学生为了避免教师的批评而努力学习，或者为了获得奖学金而学习。

内部动机指个体对所从事的活动本身有兴趣而产生的动机。美国哈佛大学心理学教授布鲁纳指出，内部动机是由三种内驱力引起的，一是好奇的内驱力，即求知欲；二是好胜的内驱力；三是互惠的内驱力，即和睦共处协作活动的需求。

学习不应当仅仅受外部动机驱使，否则当外部动机难以被满足时，学习的动力也就随之消失。内部动机更持久，也更有利于保持你对学习的热情。激发内部动机的方法有很多，可以尝试将书本所学到的知识运用于实践，获得成就感；也可以给自己定下若干小目标，挑战自身能力；当然你也可以呼朋唤友，在知识的海洋里翱翔，相互促进共同成长，这何尝不是一种乐趣呢？

参考文献

[1] 林崇德，等. 心理学大辞典 [M]. 上海：上海教育出版社，2003.

[2] 奥姆罗德. 学习心理学 [M]. 汪玲，等译. 北京：中国人民大学出版社，2015.

课堂活动

一、暖身活动

活动：坚持到底

1. 请自由畅谈对本活动的感想。

2. 你曾发现自身的潜力吗？这是一种怎样的体验？

备选活动：猜一猜，拍一拍

1. 你预估自己一分钟能拍_____次。

2. 最终你拍了_____次。

3. 你自己预估的次数和你实际做到的次数，哪个更多？你怎么解释这种现象。

4. 谈谈你的想法和感受。

📖 **知识窗**

跳蚤的故事

　　我们都知道，跳蚤的弹跳力是惊人的。把跳蚤放在桌子上，一拍桌子，跳蚤会立即跳起，高度甚至可以超过其身高的400倍。跳蚤堪称世界上跳得最高的动物！

　　但是，在实验室里的跳蚤，却让我们看到了另外的情形。心理学家用跳蚤做过有趣的实验。把一只跳蚤放进一个玻璃杯里，发现跳蚤立即轻易地跳了出来。又重复几遍，结果还是一样。接下来实验者再次把这只跳蚤放进杯子里，不过这次放进后立即在杯子上加一个玻璃盖，"嘣"的一声，跳蚤跳起来又重重地撞在玻璃上。跳蚤十分困惑，但它不会停下来，因为跳蚤的生活方式就是"跳"。一次次地跳一次次被撞，连续多次后，它开始根据盖子的高度来调整自己所跳的高度。过一阵子以后，实验者发现这只跳蚤再也没有撞击到这个盖子，而是在盖子下面自由地跳动。一天后，实验者开始把这个盖子轻轻拿掉，跳蚤不知道盖子已经去掉了，它还在原来的高度继续地跳。三天以后，这只跳蚤还在那里跳。一周以后，这只可怜的跳蚤还在玻璃杯里不停地跳着——现在它已经无法跳出这个玻璃杯了。

二、学会自主学习

活动：啄木鸟医生

周学习计划

本周学习目标	1. 请结合你本学期的目标 2. 请在上周基础之上填写 3. 按目标重要程度规划优先顺序 4. 完成一项，在完成时限处打"√"	是否完成	原因反思

总结：

1. 以宿舍为单位进行小组汇报，内容围绕原定计划、实施与完成情况、攻略与技巧等方面展开。

2. 两人一组，就各自所制定的目标互相提问与回答，问题如下：

（1）什么是明确的目标？请举例说明。

（2）什么是量化的目标？请举例说明。

（3）在落实计划过程中可能会遇到哪些困难，准备如何克服困难？

（4）如果设定一个期限，你希望何时实现目标？

问题1	问题2
问题3	问题4

备选活动：时间四象限

1. 生活中不同事项，其难度不同，耗费个体时间也不相同，请根据真实情况罗列以下几件事所花费时间。

（1）堆积了好多脏衣服没洗，快没衣服穿了_____；

（2）三周后有计算机等级考试_____；

（3）参加各种部门协会的活动，完成相应任务_____；

（4）舍友们邀请你下午外出逛街/运动/远足_____；

（5）长期以来你所坚持的一项活动，如阅读、运动、艺术等_____；

（6）周一英语小测，需要背诵两篇课文_____；

（7）图书馆借的书马上就要到期了_____；

（8）辅导员打电话让你马上去办公室找他_____；

（9）完成你所制定的学习计划_____；

（10）同学/朋友找你聊天_____；

（11）喜欢的电影/剧集/动漫/综艺节目更新了_____；

（12）使用网络进行购物/微信/QQ/微博/游戏等活动_____。

2. 在这一天当中，对于要完成哪些事情你必须做出取舍，请列出你一天准备按照怎样的顺序完成哪些事项，并说明缘由。

3. 根据"重要"与"紧急"两个维度可以将事情划分为四种类型，请根据你的理解将上述12件事分别列入各象限。

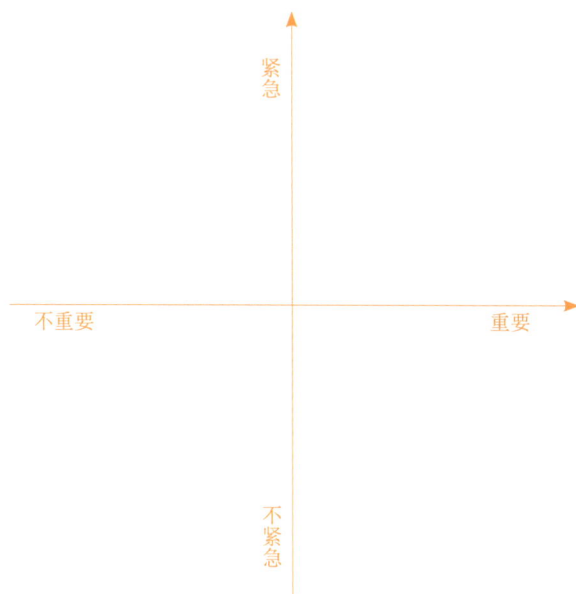

4. 你通常优先处理哪个象限的事务？忽视了哪个象限的事务？这种处理的方式是否合理？

5. 你认为这四个象限事务处理原则分别是什么？

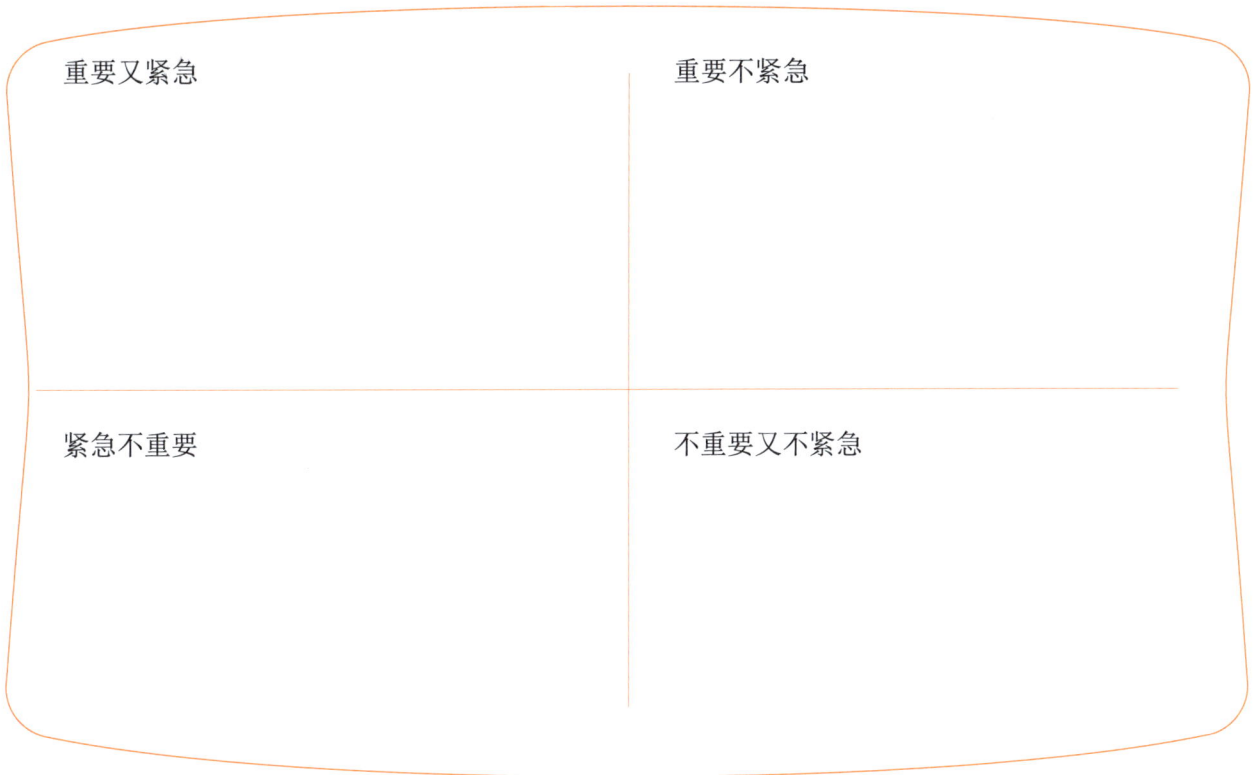

重要又紧急	重要不紧急
紧急不重要	不重要又不紧急

6. 拖延背后的那点事

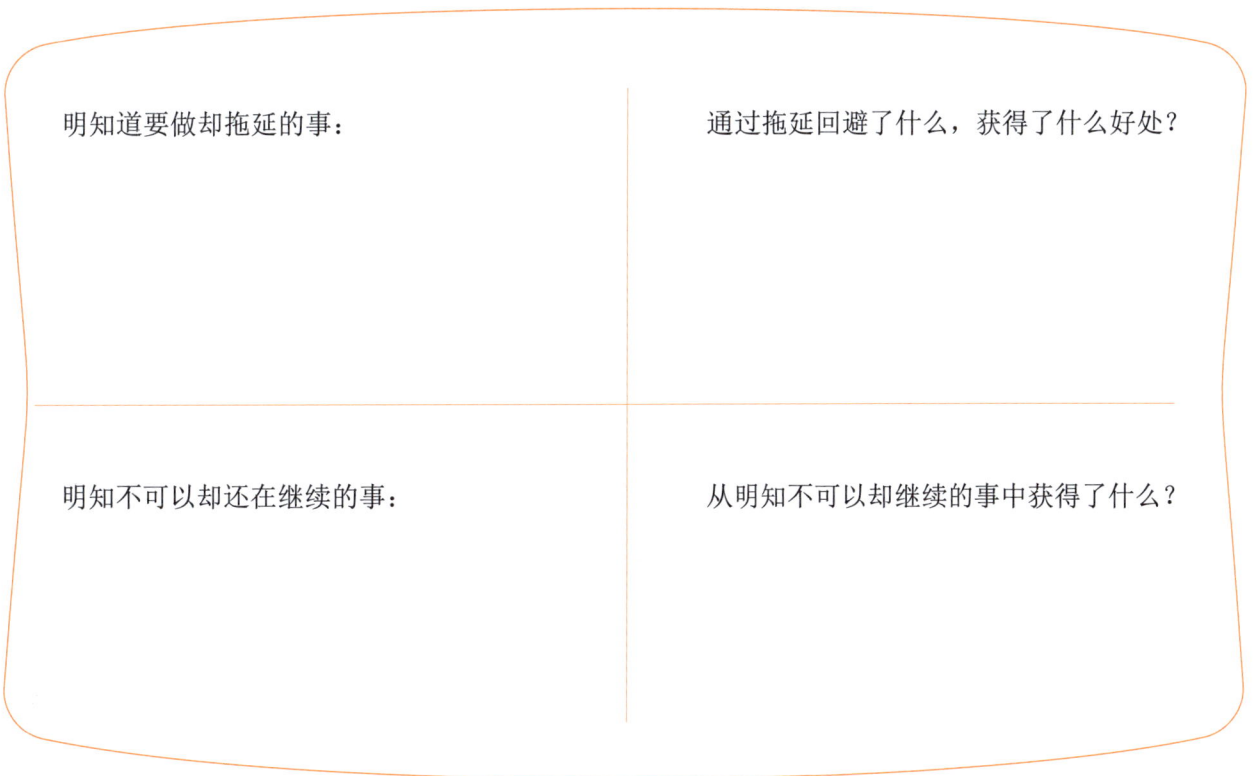

明知道要做却拖延的事：	通过拖延回避了什么，获得了什么好处？
明知不可以却还在继续的事：	从明知不可以却继续的事中获得了什么？

三、学习再体验

活动：学习再体验

学科一：＿＿＿＿＿＿＿＿＿

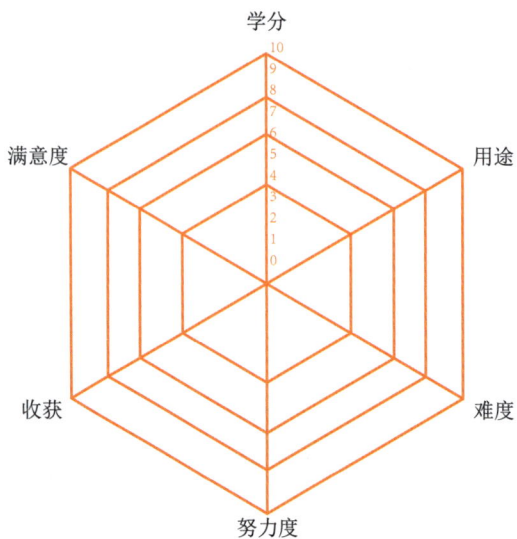

学科二：＿＿＿＿＿＿＿＿＿

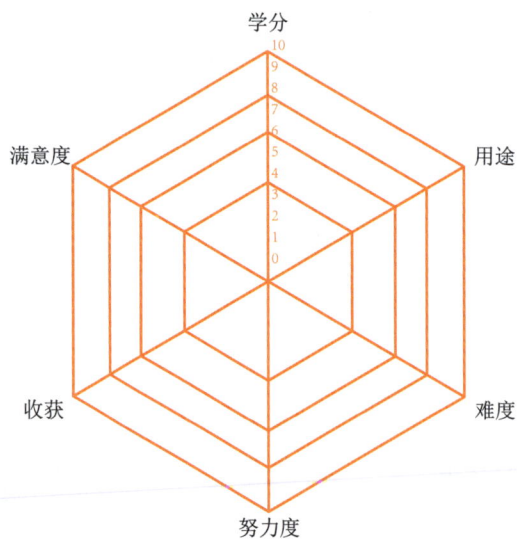

学科三：＿＿＿＿＿＿＿＿＿

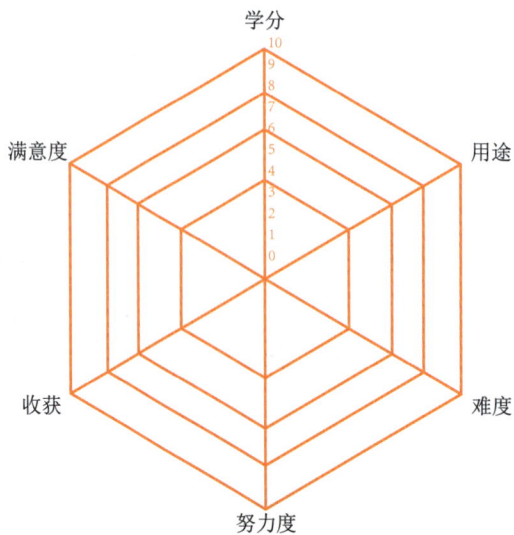

学科一：		学分：	
用途			
难度			
努力度			
收获			
满意度			

学科二：		学分：	
用途			
难度			
努力度			
收获			
满意度			

学科三：		学分：	
用途			
难度			
努力度			
收获			
满意度			

Ø 请给本节课一个评价吧：

教师本次课的表现：☆☆☆☆☆
课程设计和活动编排：☆☆☆☆☆
班级课堂氛围：☆☆☆☆☆
我的参与程度：☆☆☆☆☆

（周　曦）

第六章

认识自我

理论知识

一、什么是自我

自我，是对自己存在的觉察，包括对自己的生理状况、心理特征以及自己与他人关系的认识。现代心理学认为，我们所了解和认识到的自己，可能只是冰山的一角，只占自己非常小的一部分。要不断地叩问"我是谁"，扩大对自我的认识，我们可以把这看作是对自我的超越。

二、自我的发展

个体自出生以后，通过与环境以及他人的互动，渐渐地开始将"自己"与"他人"区分开来，从而有了"自我"的概念。一开始，婴儿能够凭借自己的感受去评价自己的经验，比如：被拥抱的时候，感觉到舒适和满足；尿布湿了，感觉不舒服，因此而大哭……在所有的经验中，那些美好的经验，个体会尝试继续获得并保持，而不好的经验，则想要摒弃。

在个体的需要中，有一种特殊的需要，就是无条件地被爱、被接纳、被认可的需要。也就是说，这种爱是因为个体的存在而无条件地获得的，并不是因为他们做了什么。

但父母都是不完美的，他们可能会有意无意地将各种各样的条件强加给孩子，比如，要做一个"好孩子""乖孩子"，要"保持房间的干净"，要"足够聪明""学业有成"等等。当父母不经意地传达这些标准时，个体会不自觉地放弃凭自身的感受来评价经验，而渐渐地接受、内化这些标准，并把它们作为自我概念的一部分。这样一来，我们可能会为了得到爱，成了父母希望我们成为的人，却忽略了自己的真实感受。当不能真实地体会、接纳自我的感受，自由地做出决定时，我们就不能拥有积极的自尊。当父母的期望和标准与我们的真实自我不一致时，我们可能会感受到空虚、焦虑和抑郁。

三、自我认识的方法

1. 内省的方法。通过问自己各种问题进行自我认识，就是内省的方法。如萨特所说，"所有的内省都是回溯性的"。

2. 自我觉察的方法。自我觉察可以随时随地进行，比如，独自一人的时候，与他人互动、交流的时候，坐在公车上的时候等。我们只要有意识地把注意力放在自己的呼吸上，开放地关注和接纳任何感受到的刺激，脑海里的想法，或者身体的感觉、情绪，等等。像这样不断地停下来，形成观察自己的习惯，了解自己的每一个当下，必然会形成对于自己是谁的完整画面。

3. 以他人为工具的方法，特指心理咨询，在此不再展开。

4. 以他人为参照的方法。以他人为参照的方法，主要是指观察了解他人或者积累人性的素材，通过与他人比较进行自我认识。如果我们对于人性有更多的好奇与认识，对不同的人格特点有更多的了解，对他人有更多的好奇与观察，那么我们必然也会丰富对自己的认知。

四、自我认识的不易

虽然我们知道自我认识的重要性，当我们开始踏上自我认识的旅途时，还是会发现困难重重。

首先，我们不太习惯停下来，有意识地自我认识。每当有空的时候，我们会做各种各样的事，比如聊天、听音乐、做运动、手机冲浪等，不太习惯停下来，关注自己的呼吸以及内在。

其次，在自我反省的时候，我们会受自己原有的认知模式的限制，比如自卑的人无法正常看待自己的优点，诸如"不够聪明""不够漂亮""不自主""不灵活"等带有评判性质的杂音，会使自己感觉厌烦。这时，想想自己对这些批评是否熟悉，从哪里获得过，是否完全属实，自己是否已经认同。这样，便能接近更真实的自己。

最后，当下遇到的一些尚待解决的问题、过去的生活以及经历中有过的创伤，都可能使我们感受到情绪的困扰，从而使自己要么无从了解自我的真实感受，要么陷入情绪的漩涡，无法自拔。

总而言之，自我认识的旅途是孤独的，尽管我们可能会遇见一些志同道合的旅伴，相约结伴同行，或者能够找到咨询师等人对我们提供一些切实有益的指导和帮助，但在绝大部分的时间里，我们要学会忍受孤独、未知，以及惶恐不安，从而到达风景迥异的下一站。

课堂活动

一、通过内省进行自我认识

活动1：猜火车

_____车站

独照粘贴处

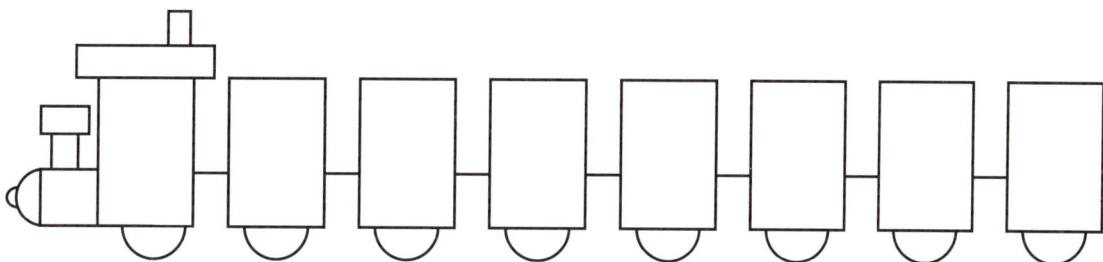

活动2：自画像

二、通过他人进行自我认识

活动：让纸条飞一会儿

我的姓名：

我_____

1. 大家对我的印象，哪些是意料之外的（请分点总结）。

2. 我如何理解他人对自己的印象和真实自我之间的差异。

三、自我的整合

活动：20个"我是谁"

知识窗

周哈里窗

美国心理学家周（Joe）和哈里（Harry）提出了关于人自我认知的窗口理论，被称为周哈里窗理论。他们认为人对自己的认识是一个不断探索的过程。因为每个人的自我都有四部分：公众我、盲目我、隐私我和潜在我。①公众我，是自由活动的领域，是自己和别人都知道的公开部分，如身高、肤色、年龄、婚姻状况、饮食偏好等，是当局者清旁观者也清的部分；②盲目我，是自己不知道而别人知道的部分，是旁观者清当局者迷的部分，如同口臭一样。所以这个部分也称为口臭区，其实一个人的优点，尤其是缺乏自信者的优点，是自己不知道而别人已经发觉的领域，认识自我，就是最大限度地发现自己的优点和缺点；③隐私我，是逃避或隐藏的领域，是自己清楚知道而别人却不知道的秘密或不可告人之处，是当局者清而旁观者迷的部分。自私、嫉妒是平常自己不肯袒露的缺点，心中的愿望、雄心等也常常是不敢告诉别人的部分；④潜在我，是自己和别人都不知道的领域，是当局者迷而旁观者也迷的部分。人的潜能常常是自己和别人都不易发觉的，是需要不断开拓的领域。

认识自己并不容易，这不仅因为自我是丰富、复杂的，而且还因为自我是随着成长在不断变化的。要想不断了解自己、接受自己，就要不停地进行内省，也要学着与别人比较，或者根据别人对我们的态度以及自己的实际工作成绩来做出推断。

Ø 请给本节课一个评价吧：

教师本次课的表现：☆☆☆☆☆
课程设计和活动编排：☆☆☆☆☆
班级课堂氛围：☆☆☆☆☆
我的参与程度：☆☆☆☆☆

（刘榆红）

第七章

自我整合

理论知识

一、自我的分类

自我可以分为实际自我、理想自我以及应该自我，每个部分各包含两种含义。

实际自我：1.个体认为自己实际上是什么样的人；

2.个体对别人认为自己实际上是个什么样的人的认识。

理想自我：1.个体希望自己是什么样的人；

2.个体对别人希望自己是什么样的人的认识。

应该自我：1.个人认为自己应该是什么样的人；

2.个体对别人认为自己应该是什么样的人的认识。

二、自我面临的危机

自我同一性是个体对于"我是谁""我该怎样适应社会""我未来怎样发展"等问题的认识和感受，是个体达到自我一致性和连续性的状态。埃里克森（Erick H. Erikson）认为，个体的发展沿着一定的方向进行，每个发展阶段都会遇到特定的危机，有其特定的心理任务。青少年时期个体的主要任务是进行自我同一性的整合，避免角色混乱，当个体处理好这些危机后，才能顺利进入下一个阶段。

大学生的年龄处于18～22岁之间，研究表明，个体在12～18岁期间，达到自我同一性的青少年较少，而大多数人需要到20岁左右才能形成自我同一性。虽然自我同一性危机是发生在青少年时期，但自我同一性形成与发展的关键时期是大学阶段。根据埃里克森的理论，自我的各部分有越多的一致性，个体的同一性发展更好。因此，大学生将自我进行整合，促进理想自我、应该自我和实际自我的一致性，提高适应环境的能力，从而更好地促进自我同一性的形成和发展。

表7-1　埃里克森的人格发展阶段理论

时期	大致年龄	危机
婴儿期	0～2岁	信任对不信任：如果父母这时候给予婴儿足够的爱，婴儿会产生基本的信任感。
幼儿期	2～4岁	自主性对羞怯和怀疑：父母在对儿童的行为进行一定限制的同时，也给予儿童自主选择的权利，可以更好地培养儿童的自主性，使其可以决定做什么和不能做什么。
儿童早期	4～7岁	主动性对内疚：这个时期儿童的活动更加丰富，父母给予儿童肯定，能使得儿童的主动性增加。
小学期	7～12岁	勤奋对自卑：这个时期属于小学阶段，主要活动为学校学习，可以在学习中培养勤奋感。
青少年期	12～18岁	同一性对角色混乱：若青少年在该时期，对于"我是谁""我的过去""我未来怎样发展"等有更好的认识，则能促进同一性的形成。
成年早期	18～25岁	亲密对孤独：该时期个体面临着与他人建立亲密关系的任务，该任务的顺利完成，能够有效地避免孤独感。
成年期	25～50岁	繁衍对停滞：这时期的主要任务是建立家庭和事业。
老年期	50岁及以后	自我完善对失望：当前面阶段顺利渡过后，回忆自己的过去，会有完善感。

三、自我整合的途径

自我整合可以通过提高自我认识，整合对自己的认识及他人对自己的认识，促进各方面的自我一致而达到。

个体通过沙盘、音乐、绘画、情景剧等形式，自由表达自己，感受自己的内心，接纳自己的一切，并且在团体中，了解到他人对自己的认识，从而加深个体的自我认识，促进自我整合，提高心理健康水平，更好地达到自我同一性。

参考文献

[1] 郭金山，车文博. 自我同一性与相关概念的辨析[J]. 心理科学, 2004, 27(5):1266-1267.

[2] 林崇德. 发展心理学[M]. 北京: 人民教育出版社, 2008.

课堂活动

一、暖身活动

活动：YES or NO

二、认识自我

活动：团体作画

请在以下方框中描述刚才活动过程中你的所思所想，以及发生的变化，可以参考以下问题，但不限于以下问题。

1. 一开始你想在画中表达什么？

2. 现在这幅画和你一开始的构想有何不同？

3. 你在画中增添了哪些内容？你画这些内容的原因是什么？

4. 是否有同学将你画的内容涂满或修改？你看到后有什么感觉？

5. 整个作画过程中，你觉得你发生了哪些变化？

三、自我整合

活动：曼陀罗彩绘

1. 你此刻的心情如何？选用一种颜色，涂满整个框，代表你现在的心情。

2. 安静地完成下面这幅图。

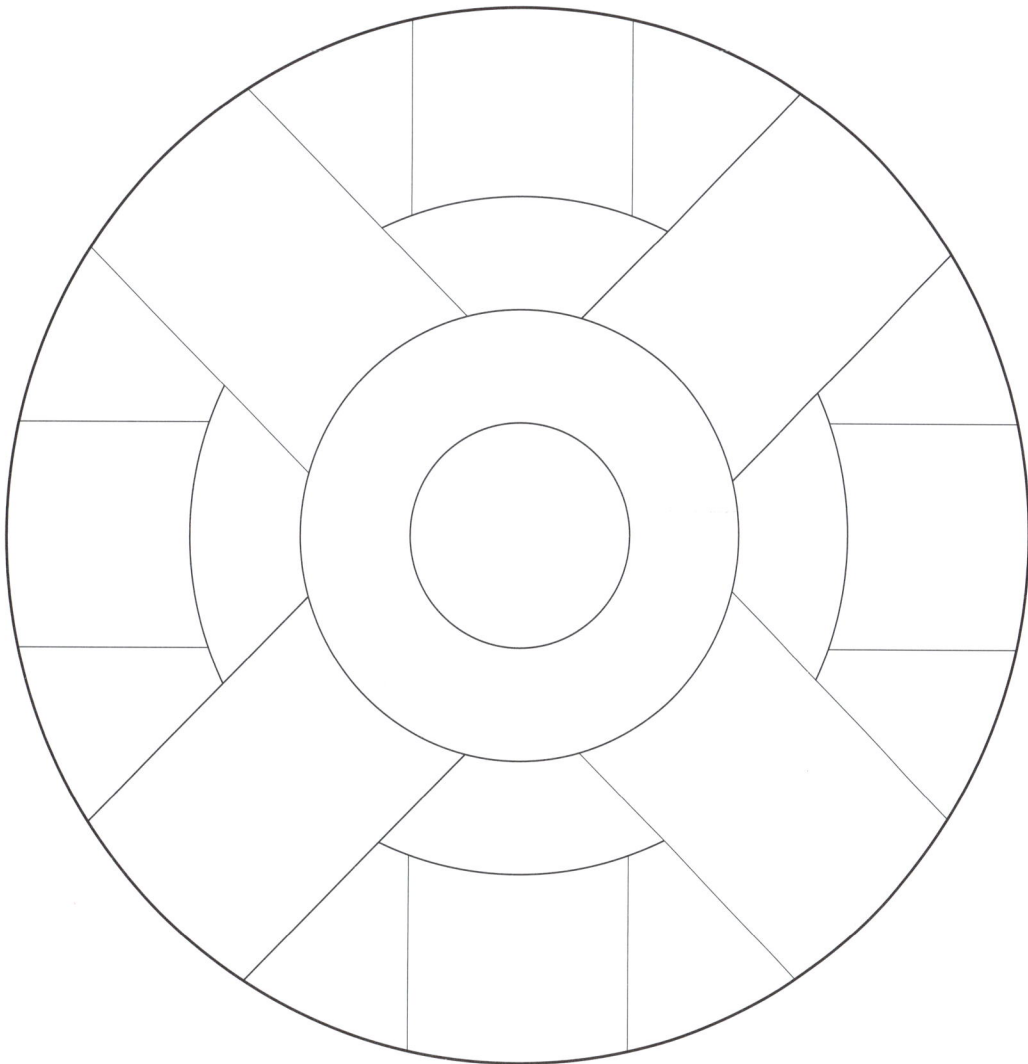

3. 这幅画让你联想到了什么？在涂色过程中，你的状态是怎样的？

4. 此刻你的心情如何？再次选用一种颜色代表你此刻的心情。

Ø 请给本节课一个评价吧：

教师本次课的表现：☆☆☆☆☆

课程设计和活动编排：☆☆☆☆☆

班级课堂氛围：☆☆☆☆☆

我的参与程度：☆☆☆☆☆

（黄雷晶）

第八章
人格的培育

理论知识

一、什么是人格?

人格,似乎是一个很学术的名词,但实际上,如果对心理学略有所知的话,我们就能在日常生活中观察到"人格"。一个人乐观自信、不怕失败、活跃而有创造力,或者缺乏安全感、常常自卑,乃至脾气暴躁、经常主动攻击他人,这都是我们常见的人格特征。

人格的英文personality源自拉丁文persona,即"面具",体现了最早人们对人格的认识更侧重社会功能,帮助我们在他人面前展示自己,体现出人与人不同的一面。后来逐渐发展为着重体现个人特质的心理学概念,涵盖行为模式、思想模式和情绪反应的特征,是一个人区别于他人的最重要特征之一。

二、人格的构成

大千世界芸芸众生,各有不同。这些不同,很多都以人格特征的差异体现出来。有些来源于天生的气质差别,就像在婴孩时期,有的宝宝特别安静,而有的则极尽调皮捣蛋之能事,这种差别很可能会持续一生。另一些差异则可能受到后天环境的影响,例如来自家庭和父母、学校以及亲朋好友的影响,这部分被称作性格,包括对困境的忍耐能力、感性或理性思考的偏好,以及爱吃辣还是爱吃甜等等口味差异,这些性格特征会在我们逐渐成长的过程中不断塑造和调整,直至成年逐渐定型。而这部分就是我们所说的可以被培育的人格。

三、人格的自我接纳与完善

从小到大,我们耳边似乎总能听到这样的话语:"别人家×××为什么就可以?你就不可以?""你怎么就不能像×××一样呢?"似乎万事万物好与不好都有一个标准,包括我们自己,都应该朝着那个标准去努力塑造和统一。

可这些塑造却并不总是令人满意,毕竟,乖巧的另一面或许是懦弱,叛逆的背后却闪动着独立自主的光彩。当人生走过一个阶段,回头来看,这些人格特质的作用和意义就发生了微妙的变化,所谓好坏,所谓优劣，不过一时一事之说。

相信很多人小时候都听过这样一个故事：伟大的物理学家爱因斯坦小学时交手工作业，交了一个做得很糟糕的小板凳。老师很生气、后果很严重，老师信誓旦旦地说："这绝对是世界上最糟糕的小板凳！"爱因斯坦小朋友立刻从课桌里掏出两个更糟糕的小板凳来。故事并不新奇，但有趣的是，似乎每个人听到这个故事，第一个想到的就是："要学习爱因斯坦小朋友锲而不舍的精神"。可见最初讲这个故事的人多半是个老师。

无论故事是否虚构，当我们逐渐成长，重读这个故事，你又有怎样的感受呢？

我们来逆推一下这个故事。成年后的爱因斯坦是一位彻底的理论物理学家，之所以说彻底，是因为他坚信单凭理论上的思考和计算就可以解决一切问题，物理实验在他眼里没有任何意义。换句话说，对于"实践出真知"这种观点，爱因斯坦根本不屑一顾。所以说，若小板凳的故事并非虚构，那么事情的真相必为以下二者之一：

第一种可能，爱因斯坦小朋友对做小板凳这种可爱的手工劳动本来还是颇有兴趣的，但奈何天赋不高，此时若有个鲁班一样的能工巧匠悉心指导，日后的发展不见得会比密立根、康普顿等等靠设计实验而得到诺贝尔物理学奖的家伙差到多少。但他遇到了这样一位思维僵化、口齿"伶俐"的老师，对手工爱好的星星之火被彻底扑灭——不知是幸还是不幸，这或许也是一位伟大理论物理学家诞生的重要原因呢？

第二种可能，爱因斯坦小朋友的大脑沟回生来就比别人多且深，压迫了小脑的发育，动手能力自然就要比别的小朋友差一些，所以对需要动手能力的手工课，哪怕花费别人三倍的精力，成果依然远逊同龄人。

但庆幸的是，他没有一直"锲而不舍"地追求于此，而是果断放弃了自己的弱势，转而充分发挥长项——去思考、去想象。这才有了之后伟大的理论物理学家爱因斯坦和他划时代的狭义相对论与广义相对论。

人生有很多种可能，决定人生方向的，有时是选择，有时是努力，而选择常常是努力的基础。想做出更适合自己的选择，就需要充分认识和接纳自己的人格特征，并找到想要完善的方向，去努力培育，成长为更好的自己。

课堂活动

一、暖身活动

活动：三分钟的自由

1. 游戏开始前，你最想做的是什么？

2. 在这个时间段内，你是否做到了自己最想做的事？如果没有，是为什么？

3. 做完这个活动，你有什么感受？

二、人格的接纳

活动：超级英雄之战

1. 我与众不同的优势：

2. 我最头疼的性格/能力问题

3. 完善人设：

称号：＿＿＿＿＿＿＿＿＿＿＿＿＿＿＿＿

超能力1	超能力2	致命弱点

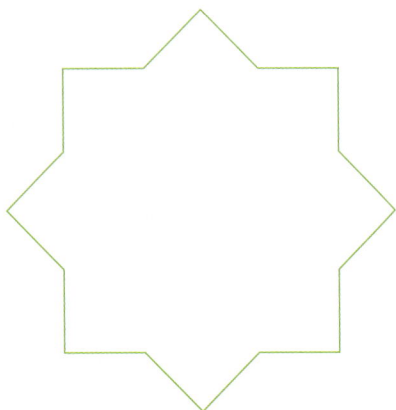 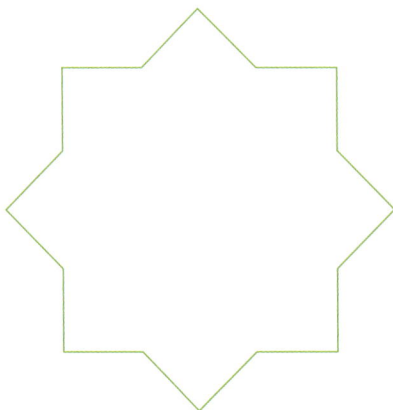 

4. 我的战斗历程：

5. 在挑选自己的优势和问题时，你有什么感受？是否遇到了困难？如果有，是哪些困难？

6. 擂台赛过程中，你的能力是否发挥了用武之地？

7. 擂台赛过程中，你的优势或弱点所发挥的作用是否与期待的相符？

8. 你有什么感想？

三、人格的培养

活动：给我一朵花的时间

1. 你的植物最后定格在怎样的生命阶段？它都经历了些什么？你想对它说点什么？

2. 在你的画作中，植物和背景分别是什么颜色的，这让你感觉如何？

3. 小伙伴的作品和你的有什么不同？看到别人的作品时你有什么感受？有什么想法？

4. 当小伙伴告诉你他/她对你的作品的感受时，你有什么想法？有什么感受？

5. 如果再给你一个修改的机会，你是否会改变自己的作品？如果是，会改变什么？

Ø 请给本节课一个评价吧：

教师本次课的表现：☆☆☆☆☆

课程设计和活动编排：☆☆☆☆☆

班级课堂氛围：☆☆☆☆☆

我的参与程度：☆☆☆☆☆

（周自谦）

第九章 压力管理

理论知识

一、压力的概念

压力（stress），也被称为应激，目前尚未有统一的定义。

压力会以不同的形式出现在不同的人身上：在认知方面，可能出现注意力不集中、记忆力下降、决策困难等；在情绪方面，可能出现紧张、焦虑、抑郁、恐惧、敌意、挫败感等；在生理方面，可能出现异常疲劳、睡眠问题、躯体不适、免疫力下降等。我们可以将压力看作是个体对具有威胁性的或有挑战性的事件做出的认知、情绪、生理反应。

二、压力源及分类

诱发压力的事件叫压力源（stressor）。对大学生来说，期末考试、面试、人际关系冲突等都是诱发压力的事件。事实上，压力源大致可以分为两类：一类会引起恶性压力（distress），当个体因压力源而体验到极度的不愉快时出现；而另一些会引起良性压力（eustress），来自于积极的但需要个体做出适应或改变的压力事件，比如交到男女朋友、当选学生会主席等，对大多数大学生来说都可以称为积极的事件，但是它们对个体原有的习惯、责任甚至生活方式是一种极大的挑战。汉斯·塞利（Hans Selye）定义"良性压力"为可以提升个体健康和幸福感的最优程度的压力。

三、压力应对

压力应对方式有两种：问题指向性应对和情绪指向性应对。

问题指向性应对集中于消除或改变压力源本身。比如，某位学生无法理解教授在课堂上讲的某一理论，于是在课后主动找这位教授询问该理论，最终弄懂并解决了问题。

情绪指向性应对指的是改变自己对压力源的感受，并使个体可以更有效地解决问题。比如临近期末考试，某位学生非常焦虑，复习时记不起刚刚背诵的东西。这时，这位学生寻找朋友或心理咨询师倾诉，了解到如果不是考试临近，自己不会这么努力学习，焦虑情绪其实是促发自己努力的动力，转变了对自己焦虑情绪的看法，因此不再害怕焦虑，并把期末考试看成挑战而不是威胁，从而有效降低了焦虑水平，能够顺利地复习应对期末考试。

个体会不知不觉地采用问题指向性应对或情绪指向性应对的方式。

四、日常压力管理

大学生平时可以采用的压力管理方式有体育锻炼、时间管理、寻求社会支持。

1. 体育锻炼：锻炼可以提高机体新陈代谢的速度，强健骨骼，提升睡眠质量，降低焦虑水平，减轻抑郁状态，是降低压力的良好方式。

2. 时间管理：将需要完成的任务列一个表，把重要、紧急的事情放在前面，有序地安排时间，避免同一时间大量任务堆积在一起而造成压力感。

3. 寻求社会支持：社会支持系统（social support system）是由朋友、家庭成员、邻居、同事和其他能在个体需要帮助时伸出援手的人组成的网络。这种支持的形式可以是建议、物质或金钱支持，信息、情感支持，爱、感情和陪伴。各种研究一致表明，拥有良好的社会支持系统对个体应对压力的能力至关重要。

参考文献：

[1] 蒋春雷，王云霞. 应激与疾病 [M]. 上海：第二军医大学出版社，2015.

[2] 姚树桥，杨彦春. 医学心理学 [M]. 北京：人民卫生出版社，2017.

[3] 桑德拉·切卡莱丽，诺兰·怀特. 心理学最佳入门 [M]. 北京：中国人民大学出版社，2014.

[4] 理查德·格里格，菲利普·津巴多. 心理学与生活 [M]. 王垒，王甦，等译. 北京：人民邮电出版，2003.

课堂活动

一、暖身活动

活动：压力传递

1. 你是如何传递你的压力感受的？

2. 刚才的活动，你有什么感受和体会？

备选活动1：拍七令

1. 快要轮到你报数的时候感觉如何，这种体验是压力吗？

2. 生活中还有哪些压力事件，从中选择印象深刻的一件事写下来。

备选活动2：大西瓜小西瓜

二、压力觉察

活动1：雨中人

1. 周围的环境如何，请用一至二个形容词描述。

2. 你画的人，是男是女？

3. 这个人大概多大？

4. 他/她现在的心情如何？请用三个形容词形容。

5. 他/她在想什么？

6. 他/她接下来准备做些什么？

7. 画出来的人和你想画的一样吗？什么地方很难画或者画不出来？

8. 如果把下雨看作压力，雨中人的状况看作应对压力的方式，请描述雨中人的压力应对方式。比如：他面对压力的态度，他所使用的应对策略，应对的效果等。你觉得你的压力应对方式和画中人有何相似之处？

9. 你的同学帮你补充了什么？你有什么想法。

10. 同学补充的部分给你什么感觉？

活动2：我的压力

请回忆最近让你印象深刻的压力事件，给自己压力相关的身体部位涂色。

装备库

1. 你真正恐惧的是什么？

2. 你已经做了些什么？

3. 你还打算做些什么？

4. 你的装备库里有什么？你还想增加些什么装备？为什么？

5. 我的大招和我的弱点。

三、压力管理

活动：比一比

方式方法	攻击力	对自身损耗值	效果
静坐冥想术	100	20	100

备选活动1：华山论掌

1.当你面对更强壮的对手（强大的压力），你的第一反应是什么？

2.压力只能带来负面的体验吗？对于适应生活、提高自我有哪些益处？

备选活动2：你拍我拍

1.当别人拍你肩膀的时候，你感受如何？

2.你为别人拍肩膀的时候，你感受如何？

知识窗

压力反应（应激反应）是机体为了适应某种新情况而做出的一种反应。因为条件和环境是在不断变化着的，所以，从一定程度上来说，现代人一直处于承受某种压力的状态当中。用医学的视角来定义，压力是指超出机体适应能力时所产生的一种状态。

人体可对情绪、身体和精神压力做出如此精准又及时的反应，实在是得益于肾上腺荷尔蒙分泌的作用。

在肾脏上端，有两个拇指大小的肾上腺分泌着三种关键的荷尔蒙：皮质醇、脱氢表雄酮及肾上腺素。这三种荷尔蒙被称为"压力荷尔蒙"。其中皮质醇及肾上腺素是"加压荷尔蒙"，而脱氢表雄酮则是"减压荷尔蒙"。这三种荷尔蒙不但帮助我们应付许多生活压力及精神负担，同时还帮助调节机体内许多重要的活动，诸如血糖的分泌、脑功能的动作、肌肉的运动、体液及电解质的平衡等等。

Ø 请给本节课一个评价吧：

教师本次课的表现：☆☆☆☆☆
课程设计和活动编排：☆☆☆☆☆
班级课堂氛围：☆☆☆☆☆
我的参与程度：☆☆☆☆☆

（康　荔）

第十章
做情绪的主人

理论知识

一、情绪的概述

情绪是人脑的高级功能，它对个体的记忆、学习、决策有着重要的意义，是人类生存和适应的重要保障。人们在客观实践过程中，必然接触到自然界和社会中的各种现象和对象，也一定会遇到得失、顺逆、荣辱、美丑等各种情境，从而产生喜、怒、哀、惧等情绪体验。正是由于情绪的不同变化，才使得人们的心理活动丰富多彩。

二、测量情绪的方法

1. 自我报告：是指个体对自我情绪感受的描述，也可以报告自己的认知、行为以及情绪的其他方面。

2. 生理测量：包括对血压、心率、出汗以及其他随情绪唤醒而波动的变量的测量。

3. 行为反应：是指可观测的行动，包括面部和声音表达、逃跑或攻击，尽管行为反应可由被试主动报告，最好还是由客观观察者对其进行评定。

三、情绪的ABC理论

情绪ABC理论是美国临床心理学家阿尔伯特·埃利斯（Albert Ellis）在20世纪50年代提出的人格理论及心理治疗方法，强调认知、情绪、行为三者之间的交互作用及因果关系，特别强调认知在其中的作用。

A（Activating）是指诱发性事件，即引起情绪变化的事情；B（Belief）是指个体在遇到诱发性事件之后，相应而生的信念，即他对这一事件的看法、解释和评价；C（Consequence）是指在特定情景下，个体的情绪及行为的结果。情绪ABC理论认为诱发事件A只是引发情绪和行为后果C的间接原因，而引起C的直接原因则是个体对诱发事件A的认知和评价而产生的信念B。也就是说人的消极情绪和行为障碍结果C，不是由于某一诱发事件A直接引发的，而是由个体对它不正确的认知和评价所产生的错误信念B所直接引起的。错误信念也可称为非理性信念。

四、情绪管理之三部曲

1. 我们现在有什么情绪？

我们常倾向于压抑自己的感觉，或者常认为有情绪是不好的，因此常常忽略我们真实的感觉。情绪管理第一步就是要先能觉察我们的情绪，并且接纳我们的情绪。情绪没有好坏之分，只要是我们真实的感觉，我们就要学会接受它。只有认清我们的情绪，知道自己现在的感受，才有机会掌握情绪，也才能为自己的情绪负责，而不会被情绪所左右。

2. 我们为什么会有这种感觉？

我们为什么生气？我们为什么难过？我们为什么觉得无助？我们为什么……？找出原因我们才能更快地接纳这种情绪。找出引发情绪的原因，我们才能对症下药。

3. 我们如何处理当下的情绪？

平常当你心情不好的时候，你都怎么办？可以用什么方法来缓解自己的情绪呢？什么方法对你是比较有效的呢？具体有以下几种方法：

（1）让心情平静的方法

深呼吸、肌肉松弛法、静坐冥想、运动、到郊外走走、听音乐。

（2）让情绪宣泄的方法

大哭一场、找人聊聊、涂鸦、用笔抒情。

（3）改变内在的自我对话

我们怎么想就会怎么感觉，然后就会怎么做，影响我们的常常不是事件本身，而是我们对事件的看法。有时，让我们心情不好的不是别人，也不是不顺遂的环境，而是我们自己，是负面的内在自我对话让我们陷入愁云惨雾中，所以培养积极乐观的想法可以让我们经常拥有灿烂的阳光。

（4）直接向对方表达情绪

直接表达情绪不是发脾气，而是冷静地将情绪说出来。当我们一味地指责他人，将自己的情绪归咎于他人时，常会让自己感觉更糟，所以比较有效的方式就是告诉对方你的感受，好好地沟通。

参考文献：

[1] 施塔，卡拉特. 情绪心理学 [M]. 周仁来，等译. 北京：中国轻工业出版社，2015.

[2] 李中斌，等. 情绪管理 [M]. 大连：东北财经大学出版社，2015.

课堂活动

一、认识情绪

活动1：我猜我猜我猜猜
活动2：情绪博物馆

备选活动：情绪Tree

图片来源：www.blobtree.com

二、调节情绪

活动1：快乐大本营

回忆令自己开心的5件事。

活动2：一二三木头人

活动3：情境AB剧

备选活动：释放你的情绪

Ø 请给本节课一个评价吧：

教师本次课的表现：☆☆☆☆☆

课程设计和活动编排：☆☆☆☆☆

班级课堂氛围：☆☆☆☆☆

我的参与程度：☆☆☆☆☆

（林珠梅）

第十一章
人际沟通

理论知识

一、什么是人际沟通

在心理学研究领域，人际沟通被定义为"社会中人与人之间的联系过程，即人与人之间传递信息，沟通思想和交流情感的过程"。沟通是人与人之间发生相互联系的最主要的形式。人在清醒时大约有70%的时间都是花在各种形式的沟通过程中。我们与别人交谈、读书、看报、上课、听广播、看电视，都是在进行沟通。

二、沟通的类型

沟通可以分言语沟通和非言语沟通。

言语沟通是最常见的一种沟通形式。语言作为社会人群已经形成高度共识的符号系统，每个字词的声、形、符号，都已经被赋予了一定的意义。因此，人们一方面可以用它来指称事物，描述内心状态，一方面又可以通过它的声、形等物化形式使其他人觉察并理解，从而形成多种多样的语言文化。这样，语言成了人与人之间进行沟通的桥梁。一个人如果缺乏语言能力，如哑巴不会说话，盲人无法识字或出国不懂外语，那么与人沟通的过程就变得十分困难，有些沟通则根本无法实现。

非言语沟通有三种方式。第一种方式是通过动态无声的目光、表情动作、手势语言和身体运动等实现沟通；第二种方式是通过静态无声性的身体姿势、空间距离及衣着打扮等实现沟通；第三种方式是通过非言语的声音，如重音、声调的变化、哭、笑、停顿等来实现的。

非言语沟通可以交流大量关于感觉、情绪和态度的信息。这些有关内部状态的信息以声音特质、眼神交流、面部表情、手势、身体动作和接触的方式表现出来。因此，非言语表达常常被称作"情绪语言"。

三、如何培养沟通能力

良好人际关系的建立，需要我们从各方面锻炼自己，克服各方面的心理问题，培养良好的人际沟通能力，使自己能够更好地适应环境、适应生活。

1. 培养良好的表达能力

表达能力是指人们用有声语言、书面语言及肢体语言来综合表述个人的见解、主张、思想、观点，充分展示个人形象、风格、个性和思想内涵，形成与外界良性沟通和交流的一种能力，是人的综合素质的重要组成部分。表达能力是一个人综合能力的重要体现，它能为人带来精神气质的改变与人格魅力的提升，对一个人充分展示个性才华、表现自我、推销自我，与他人和谐相处、赢得良好的交际关系和人际资源，形成健康的心态，塑造完整的人格，增强社会认可，促进事业成功，都具有重要作用。

2. 培养良好的性格和品质

一个品质好、能力强的人或具有某些特长的人更容易受到人们的喜爱。人们欣赏他的品格、才能，因而愿意与之接近、成为朋友。所以，若想要更友好、更融洽地与他人相处，就应充分健全自己的品格、施展自己的才华、表现自己的特长，使自己的品格、能力、才华不断提高。

3. 正确认识自己

自我认知是对自己的洞察和理解，包括自我观察和自我评价。自我观察是指对自己的感知、思维和意向等方面的觉察；自我评价是指对自己的想法、期望、行为及人格特征的判断与评估。

4. 扩充自己的知识储备

在人际交往的过程中，我们除了闲聊一些生活事件之外，还会谈及生活、哲学、情感等，我们需要和不同类型的人进行沟通，便于协调人际关系。每个人都有不同层次、兴趣的朋友，而且喜欢和优秀的人交流。所以我们更应该扩展自己的知识面，培养更多的兴趣，致力于提升自我，让别人喜欢与自己交流，建立友好的人际关系。

5. 学习人际交往的技巧

我们要使用文明的语言和平易近人的姿态，让自己的人际关系得到更好的发展。要学会尊重别人，认真倾听别人的话语，在谈话过程中需要注意别人的表情和动作、眼神、语气，据此组织自己的话语。在不同情境，面对不同对象时，需要根据自己的身份而采取不同的应对方式。

6. 对网络有正确认识

网络是一把双刃剑，给我们带来惊喜的同时也带来了警示。我们需要明确网络的正面和负面作用，加强网络自律意识，端正自己的态度，合理地利用网络，不要把网络的虚拟世界和现实混淆，把它作为一个工具——提升自己人际交往能力的工具，最大限度地发挥它积极的作用，使它为自己所用，而不是被它控制。

参考文献：

[1] 吕路军，李林，金世佳. 人际沟通 [M].吉林：延边大学出版社，2016.

[2] 章志光. 社会心理学 [M].北京：人民教育出版社，2008.

课堂活动

一、沟通的要素

活动1：快乐大转盘

备选活动：密码传递

活动2：我说你画

二、沟通模式的探索

活动1：走过来

备选活动：Diss/怼

活动2：我的人际财富

1. 你的人际关系现状如何？如果按1—10分来给你的人际关系打分，你会打几分？

2. 朋友眼中的我，是什么样的人，用三个词来描述。

3. 你认为是自己身上什么性格品质给你带来了好人缘，请写出三个品质。或者如果你的人缘不太好，又是什么原因导致的，请写出自己需要改变的一个影响人际交往的品质。

4. 圆形中离你最近的那个人是谁？如果你用三个词来描述他/她，你会用哪三个词？你最感谢他/她对你做的什么？

5. 三角形中离你最近的那个人是谁？如果你用三个词来描述他/她，你会用哪三个词？你最不愿意他/她对你做什么？你希望他/她怎么做？

Ø 请给本节课一个评价吧：

教师本次课的表现：☆☆☆☆☆
课程设计和活动编排：☆☆☆☆☆
班级课堂氛围：☆☆☆☆☆
我的参与程度：☆☆☆☆☆

（林珠梅）

理论知识

一、影响人际交往的因素

1. 美感

亚里士多德说过："美丽比一封介绍信更具有推荐力。"美貌之所以有吸引力，一方面美丽的容貌能使人感到轻松愉快，好似一种精神层面的奖励，另一方面，美貌容易产生晕轮效应，让他人以为这个人还具备其他优秀品质，尽管事实并不一定如此。

人的美除了外在美之外，还有更重要的内在美。内在美可以弥补外貌的不足，或取代外貌而在交往中发挥重要影响。因此，每一个大学生都应加强自身修养，多读书，读好书，课余生活中培养高雅的兴趣爱好，在交往中施展内在美的魅力。

2. 邻近性

人们在生活上时空距离越小，双方交往与接触的机会就越多，有助于相互熟悉并建立友谊和融洽的关系。可能我们会发现，来到大学后与高中的朋友因为相距遥远而变得疏离，这是一种正常现象。但邻近并非一定能促进友谊，因为接近容易了解对方的缺点，也会因为经常接触而发生矛盾。在宿舍集体生活的过程中我们应当注意自身的言行，学会尊重别人。

3. 相似性

俗话说："物以类聚，人以群分"。人与人之间若对具体事物持有相同或类似的态度，有共同的话题、理想、信念和价值观，就容易产生共鸣感到被理解、支持、信任，从而形成密切的关系。

4. 互补性

人都有自我完善的需要，通过人际交往可以找到与自身互补的特性，弥补内心空缺，实现自己想成为的样子。俗话说取长补短，就反映了人们有心理补偿的倾向。表面上看，相似与互补是矛盾的，但实际上，二者是协同的。互补性产生的吸引往往建立在价值观以及对重要问题的态度相近的基础上。

5. 个性品质

个性品质是影响人际关系好坏最重要的因素。心理学家安德森（Anderson, 1968）向一群大学生呈现

555个描述人性格的形容词，并让其评价当另一个人拥有这些形容词所描述的特质时，他们对这个人的喜欢程度。结果发现：与信任有关的词受欢迎的程度最高，如真诚、诚实、忠诚、坦率、可靠，而得分最低的则是不诚实和弄虚作假。由此可见，诚信的人才是最受欢迎的人。

二、提高人际交往的能力

1. 学会尊重

学会尊重自己。每个人都有关于心理和身体上的界限，以保护自身不受别人的操纵、利用和侵犯，可以简单地理解为原则和底线。有的人为了讨好别人而放弃自己的边界，久而久之别人不会太重视你的感受，你自己也会感到苦恼。例如，明明不喜欢玩游戏，但为了迎合其他舍友勉强加入他们的行列，在游戏过程中其实内心体会不到太多的快乐。所以，我们要学会坚定自己的立场，先尊重自己，别人才会尊重你。另外，当你明确自身边界，才能理解边界对于一个人的重要意义，才不会侵犯到他人的边界。

尊重他人体现在思想观念上，即认识到每个人的生活环境不同、经历不同，自然会产生不同的人生观、世界观、价值观。当别人的观点或处事方式与你不同，并不代表别人就是错的，不要轻易地给人下定义贴标签。尊重体现在细节之中，例如，交谈时，能够放下手头的工作，面向对方，适当的眼神交流，点头致意，不轻易打断对方的谈话；宿舍里有人在休息的时候，控制自己发出的音量；使用别人的东西之前，先征得对方的同意；不在人前揭短，不在背后议论是非，等等。人际交往过程中还有许多关于礼仪的规范，值得大家学习。

2. 自我提升

人们一般都喜欢聪明能干的人。一方面，聪明能干的人在某些方面帮助他人，另一方面，聪明人的言行会使人感到轻松愉悦。如果你实在不知道如何主动与人相处，不如将精力投入到自我提升的过程之中。当你提升了自我的能力，掌握了更多的资源，就会有更多的人愿意围绕在你的身边，那么你也将拥有更大的平台和更多的资源，这是一种良性循环。

大学里有许多的社团可供选择，有的同学为了提高人际交往能力而不加选择地加入各种社团，奔忙于各类活动。到头来发现荒废了专业知识，甚至挂科留级。切记，不要为了人际交往而交往，大学还是以学习知识、提升综合能力为主，人际交往能力只是其中的一种，目的也是为了见贤思齐，促使我们改正不足，自我提高。

3. 积极实践

要获得任何一种能力都必须通过大量的实践，人际交往能力亦是如此。无论你看过多少本人际交往相关的书籍，记住多少种原则与技巧，如果不运用于实际就毫无意义。拥有良好的人际关系靠的是行动，在行动中不断总结经验教训，久而久之自然可以融会贯通，随心所欲地运用各种交往的技巧。实践的途径有很多，可以在心理健康课上参与讨论发表观点，可以通过担任班干部从而获得更多与同学交流的机会，还可以参加社会兼职，学习如何与陌生人打交道，这些都是提高自身人际交往能力的有效途径。

参考文献

戴维·迈尔斯. 魅力何来：人际吸引的秘密 [M]. 北京：人民邮电出版社，2012.

课堂活动

一、暖身活动

活动：秘境寻宝

1. 采用哪些策略有助于快速地收集物品？结合活动谈谈你的感受。

2. 在活动过程中，你的心情如何？哪些细节能令你感到快乐？

3. 人际交往能满足人们的哪些需求？

备选活动：心有千千结

结合活动的过程谈谈你是如何理解人际交往与团队协作的。

二、赞美与协作

活动：你好我也好

1. 结合具体的环节谈谈被赞美/被批评与赞美/批评他人的感受。

2. 周围同学有哪些优点值得我们去赞美？

3. 如何赞美他人能让对方感到你的真诚与善意？

备选活动：同舟共济

1. 你们组的策略或者方法是什么，对于该活动有哪些心得体会？

2. 请你谈谈对团队协作的认识，你曾经参与过/看到过哪些优秀的团队，你认为团队协作需要具备哪些要素？

3. 在活动中我们赞美他人也接受他人赞美，生活中你经常赞美他人吗，在接受赞美的时候有怎样的感受？

三、感受人际卷入的过程

活动：我是大侦探

1. 你认为自己属于会聊天的人吗，刚才的活动让你产生哪些感想？

2. 根据你的观察，特别擅长聊天的人具备哪些能力或特质？

3. 网络词语"尬聊"形容明明没有话题，却迫于情境必须聊天的尴尬场景，你遇到过哪些尬聊的场景，怎样避免尴尬的聊天？

4. 人际交往的话题选择往往与双方目前的关系相关，你认为在不同的亲密度下各自适合哪些类型的话题。

四、交往模式的探索

活动：人际行星图

1. 你的图从大体上看来，根据你自己的感觉判断，而不是和他人对比，你认为，人物多还是少？简单还是复杂？总体上，圆的形状是大或是小，圆之间排列密集还是疏松？你有什么整体的感觉。

2. 你觉得在行星图中当下与你最亲密的人是谁。在与他/她的关系中，你感受到什么，概括一下。

3. 看着你与父亲的距离，你有什么感觉。你的父亲是什么样的人，用三个形容词描述他。你与父亲的互动是怎样的。

4. 你的母亲是什么样的人，用三个形容词描述她。在行星图中，你认为你与她的距离如何。你怎么解释这样的现状。你与母亲的互动是怎样的。

5. 你的父亲或母亲对你有什么期待或要求。

Ø 请给本节课一个评价吧：

教师本次课的表现：☆☆☆☆☆
课程设计和活动编排：☆☆☆☆☆
班级课堂氛围：☆☆☆☆☆
我的参与程度：☆☆☆☆☆

（周 曦）

第十三章
依 恋

理论知识

一、什么是依恋

人类婴儿在出生时是十分弱小的，在身体照护及情感安抚等方面都需要仰赖成年人的照顾，这种基本的生存需要，就是依恋的需要。这样的需要在人的一生中都会持续存在，只不过形式有所不同。比如，成年之后，人们依旧需要与他人形成密切的关系，并在这样的关系中感受到被理解、被支持、被关心，这种关系往往发生在亲密关系中。

在成长过程中，婴儿通过与其主要的照顾者（一般是母亲）之间的互动，形成的特殊的情感关系，被称为依恋。

婴儿依恋的基本类型有：安全型依恋、焦虑型依恋、回避型依恋。若母亲能敏锐、准确地解读孩子的需求，并及时做出情感的回应，则婴儿可能是安全型的。若母亲有时能够回应婴儿的需求，有时又不能，也就是说她的在场和回应是不可预期的，则婴儿会通过夸张地表达自己需求的方式，来获得母亲的关注和回应，这样的婴儿是焦虑型的。若母亲会主动地拒绝婴儿连结的需求，则婴儿只能放弃连结的渴望，在痛苦的时候不再渴望通过他人的安抚而获得情绪的平衡，这样的婴儿可能是回避型的。

二、依恋的影响

婴儿期的依恋类型很可能持续到成年以后，并影响着一个人的自我观念、情绪调节、亲密关系。

安全型依恋的成人一般比较有安全感，他们认为整体而言自己是有能力、值得被爱的，对他人也比较容易产生信任，对关系比较乐观。在亲密关系中，他们懂得在需要的时候及时寻求亲密，也相信在关系中能够得到安慰与照顾。总体上，他们更能容忍与处理复杂的情绪，也更容易得到安抚。

焦虑型依恋的成人，对自己的能力和魅力没有信心，容易担心被抛弃。在亲密关系中，一方面，他们一般习惯性地寻求亲密，以证明自己是被爱的。另一方面，他们对于"被抛弃"的讯息过度敏感，容易患得患失，且会放大自己的痛苦情绪，不容易得到安抚。

回避型依恋的成人，一般会淡化情绪，以保护自己不被别人伤害。这一类型的人往往会关闭自己对于亲密关系的渴望，不太依赖别人，往往将别人看作是危险的，而不太容易将别人看作情感慰藉的来源。

依恋关系存在着代际传递，也就是说，父母的依恋关系类型会影响子女的依恋关系类型。一般来说，由于母亲承担更多的哺育孩子的责任，母亲对孩子的依恋类型的影响尤为重要。

三、依恋关系的形塑

在心理咨询中，个体与其咨询师之间形成了全新的、类似于安全型依恋的关系，在这种关系中，个体旧的情绪的伤痛得到了处理和疗愈，从而获得了看待个人历史的全新视角，个体的安全感可能由此得到提升，自我的能力和价值得到了肯定，焦虑型或回避型依恋有可能转变为安全型依恋。

另外，在抚育婴儿、缔结婚姻（或恋爱）等过程中，婴儿天生的依恋需求、另一方的连结的渴望，使得个体关于依恋的需求被极大程度地唤醒。身处这些关系中的个体，在面临人生中极大挑战的同时，也很有可能借此修正甚至改变自身的依恋关系模式。

课堂活动

一、暖身活动

活动：跟着感觉走

1. 你对搭档有多熟悉，你对他们的关注有多少？

2. 你会有意识地关注他人吗，为什么？

备选活动：你我同频

1. 在这个互动过程中你是否遇到困难？

2. 维持动作与呼吸频率的一致是否让你感觉在情感上与伙伴的连结更紧密？

3. 如果是，把你的感受告诉小伙伴。

4. 如果不是，想一想，是什么让你无法体会到更和谐、亲密的感觉。

二、我的故事

活动：我的默片

1. "我的默片"的故事梗概（可以在全体面前进行表演）。

2. 在表演前后，我的感受是否发生变化，如果有，是什么样的变化。

3. 我对于我的故事，即我生命中的重要他人对我的影响，有什么样的想法。经过表演后，我的想法有没有发生变化？

备选活动：我心中的风景

∅ 请给本节课一个评价吧：

教师本次课的表现：☆☆☆☆☆

课程设计和活动编排：☆☆☆☆☆

班级课堂氛围：☆☆☆☆☆

我的参与程度：☆☆☆☆☆

（刘榆红）

第十四章
爱的责任与能力

理论知识

一、什么是爱情的三角形理论

提出爱情三角形理论的斯滕伯格（Robert J. Sternberg）认为，人类爱情包括三种成分：亲密、激情、承诺，它们组成了爱情三角形的三个顶点，如图14-1所示。①亲密，指在爱情关系中能够促进亲近与连结等体验的情感，能引起人们的温暖体验。②激情，是爱情中的情欲成分，也是爱情的主要驱动力。这些驱力能引起浪漫恋爱、体态吸引、性完美及爱情关系中其他的有关现象。③承诺，主要指个人内心或口头对爱的预期，是爱情三种成分中理性的部分。从短期来看，承诺指的是一个人决定爱另一个人；从长期来讲，它是指一个人维持爱情的承诺。这三种成分的不同组合构成了七种不同类型的爱情。

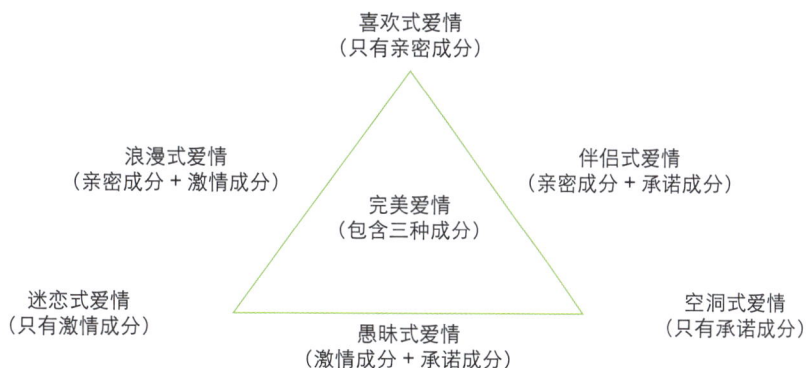

喜欢式爱情
（只有亲密成分）

浪漫式爱情
（亲密成分＋激情成分）

伴侣式爱情
（亲密成分＋承诺成分）

完美爱情
（包含三种成分）

迷恋式爱情
（只有激情成分）

空洞式爱情
（只有承诺成分）

愚昧式爱情
（激情成分＋承诺成分）

图14-1 斯滕伯格的爱情三角形结构图

喜欢式爱情：只有亲密，缺少激情，也不一定愿意厮守终生，例如友谊。

迷恋式爱情：只有激情体验，没有亲密和承诺，如一见钟情。

空洞式爱情：只有承诺。缺乏亲密和激情，如封建时代的包办婚姻或娃娃亲。

浪漫式爱情：有亲密关系和激情体验，没有承诺。"不在乎天长地久，只在乎曾经拥有"。

伴侣式爱情：有亲密关系和承诺，缺乏激情。如柏拉图式的爱情。

愚蠢式爱情：只有激情和承诺，没有亲密关系。缺少亲密的爱情就好像镜花水月。

完美爱情：同时具备三要素，包含激情、承诺和亲密。只有在这一类型中我们才能看到爱情的庐山真面目。

二、恋爱中的沟通表达

将男性与女性在沟通表达上的差异比喻为好似来自不同的星球，这样的说法有些言过其实了，但是男女两性在沟通内容的选择以及谈话的风格上的确存在差异。男性交谈的话题更多围绕着客观的事件展开，例如足球或篮球比赛、新上市的汽车、股票的盈亏等等，谈话的目的也倾向于分析和解决问题，较少涉及情感和亲密的话题。而女性虽然也会谈论客观的事物，但更多的是通过事物分享个体的感受，相互提供情感支持，例如，分享护肤产品的使用体验。谈话风格上男性更偏向自信、直接与强硬，例如，"可以""没问题，就这么定了"。女性会更多地使用模棱两可的表达，例如"好像是这样""应该是吧"。

由于两性之间存在的差异难免导致沟通不畅。例如女生表达："感冒好难受"，男生无比自信地回答："多喝点热水，研究表明对抗感冒最好的方式就是多喝水，多休息！"听到这样的回复女生自然非常郁闷。因此，发现并尊重对方表达的特点是恋爱中每个人都需要学习的。这里有若干简单的技巧可供参考：

首先，积极地倾听对方。要准确地理解对方话语中所传达的消息，包括没有明说的含义，可以通过向对方传达你的理解进行验证，确保自己没有曲解对方的含义。例如两人畅玩一天之后，男生："感觉后天的考试还没准备好，看来晚上要通宵了。"女生："看来你有些焦虑呢，今天陪我玩一天会不会耽误你的复习啊？"男生（吃惊）："不，我不是那个意思，和你在一起很开心，也更有动力温书备考了。"

其次，在发生矛盾的时候，注意自身情绪的克制，避免情绪宣泄，把谈话的重点聚焦在可以被分析被处理的行为上，使用第一人称"我"来说明自身的感受。例如，男朋友沉迷游戏导致约会迟到。在盛怒之下的女生表达："你一天到晚就知道玩游戏，除了游戏还会什么，有什么出息！"这种表达方式除了引发对方的愤怒情绪，引发更大的矛盾，对于问题解决没有多少帮助。也许可以试试这样的表达："我现在非常生气，不仅是因为你迟到了半小时，更重要的是，你经常因为游戏耽误了正事，对于我们的将来我感到担心。"

综上，良好的沟通需要认真地倾听、在冲突中保持自我克制、精确地描述自身的理解和感受等。通过这些方式，让伴侣感受到自己的尊重、真诚与关心，同时也表达自身的诉求，有助于双方就事论事地解决眼前的矛盾。

参考文献

[1] 艾伦·布雷姆，罗兰·米勒. 亲密关系 [M]. 王伟平，译. 北京：人民邮电出版社，2011.

[2] 弗罗姆. 爱的艺术 [M]. 李建，译. 上海：上海译文出版社，2008

课堂活动

一、暖身活动

活动：人际口香糖

1. 和别人"粘"在一起的时候你有何感受，在想些什么？

2. 朋友/同学间的友谊与爱情有何异同？简单描述你对爱情的理解。

备选活动：镜像自我

请指挥者与执行者分别谈谈活动中的感受。

二、遇见爱，学会爱

活动1：来自外星的你

1. 与异性交往应当保持怎样的心态？

2. 异性交往要如何把握好分寸，哪些言行举止是不适宜的？

备选活动1：镜中人——两人世界与三角关系

1. 与哪位伴侣一起比较舒服（不需要写他/她的名字），他/她身上的什么特质给你这种感觉？

2. 与哪位伴侣一起比较不舒服，是他/她身上的什么特质给你这种感觉？

3. 你容易被什么样特质的人吸引，与这样的人相处带给你什么感觉，这种感觉是否熟悉，又让你想起什么？

4. 离开伴侣的时候是何感受？

5. 你在人际的吸引或互动中，有什么样的顾虑，它们是怎样的？

6. 你容易爱一个人吗，为什么？

活动2：爱情初体验

1. 有人认为门当户对重要，有人看重三观的契合，但这些都是比较模糊抽象的概念，请具体地描述你心中的择偶标准。

2. 你曾经向心动的对象表达过好感吗，感觉如何？表达好感有什么顾虑呢？

3. 向他人表达好感的时候要注意什么，如何让对方感受到你的好感？列举你认为恰当或不恰当的表达方式。

4. 每个人都值得被爱，你认为自身具备哪些吸引人的特质？

活动3：爱与付出

1. 在平日生活里，我们的亲人、朋友、同学都曾给予我们温暖，谈谈你感受到周围的亲朋好友为你付出了什么，你为他们付出过什么。

2. 在恋爱中你愿意为对方付出什么，期待获得怎样的回应，又如何做出恰当的回应？

3. 有人说真爱是不计回报地付出，有人认为过多的付出只会显得自己卑微，谈谈你是如何理解爱情中的付出与回应。

备选活动2：非诚勿扰

我的择偶要求，每个方框代表一个方面的要求

1	2	3
4	5	6
7	8	9

1. 择偶标准是必要的吗？不同伴侣对今后人生道路有何影响？

2. 我的择偶要求，受到家人、朋友与社会舆论价值观怎样的影响？

3. 假如将来很长一段时间找不到中意的对象，你愿意接受这种孤独还是降低自己的要求找一个伴？孤独对你而言意味着什么？

4. 我对自身哪些特质感到满意，我值得被爱吗？

5. 对于爱情我有哪些期待？

活动4：风雨同行

1. 请列举在发生矛盾后，你认为不恰当的表达方式与内容。

2. 你是如何看待"越亲密越容易争吵"这个观点的，在争吵情境下双方如何处理比较恰当？

3. 有人说爱情里不分你我，你认同吗，爱情里你有哪些底线或者边界是不能被触碰的？

活动5：说再见

当一段感情落幕，我们要以怎样的态度与方式向对方说再见？

备选活动3：失恋自救

1. 台上写的这些失恋自救措施，你可能会选择哪几项，为什么？

2. 从该活动中获得什么启发？

知识窗

分手之后

一段爱情画上句号之后，许多人会发现彼此在某种程度上依然保持密切联系，尤其是被提出分手的一方，对对方的信息会变得更加敏感，例如关注对方的朋友圈与微博，发现对方和自己的朋友依然有联系等等。这会对我们的生活造成怎样的影响？

分手后最多的体验便是痛苦，最重要的任务就是适应没有他/她的生活。当我们丧失另一半，我们习惯的生活方式、熟悉的自我概念也不得不发生改变，因此常常会引发消极的情绪。这种消极的情绪不会永远持续，要相信随着时间的推移我们终究能从中走出来。

一项研究观察分手后一个月内个体情绪情感的变化，研究观测到愤怒、痛苦、与宽慰三种情绪，其中宽慰是指勇气与力量。可能正如你所预料的，刚经历分手的人愤怒和痛苦占主导。而两周之后，他们的愤怒与痛苦持续地减弱，宽慰则逐步上升。一个月后，他们的勇气与力量不断地得到补充与恢复。所以，失恋的痛苦并不像我们想象的那般严重，时间会冲淡一切。

不过对于一部分人而言，一段感情承载了太多的意义，分手之后难免消极颓废，拒绝开始新的生活，沉浸于往日的时光无法自拔，严重者甚至发生自伤自残的行为。此情此景下，你需要找个好的倾听者，在安全、接纳的氛围下将内心的感触娓娓道来，陪着你走过这段灰色的时期。这时，不妨找一位心理老师谈谈，也许能令你豁然开朗，重拾生活的美好。

参考文献

艾伦·布雷姆，罗兰·米勒. 亲密关系 [M]. 王伟平，译. 北京：人民邮电出版社，2011.

Ø 请给本节课一个评价吧：

教师本次课的表现：☆☆☆☆☆
课程设计和活动编排：☆☆☆☆☆
班级课堂氛围：☆☆☆☆☆
我的参与程度：☆☆☆☆☆

（周　曦）

第十五章
两性成长

理论知识

一、什么是性

性是一个人人格的组成部分，是生物学、心理学、社会文化等不同维度内容交织在一起的复合体。美国性信息与性教育联合会（SIECUS）是这样定义"性"的，包括个体的性知识、性信仰、性态度、性价值标准和性行为。它的维度包括：性反应系统所涉及的解剖学、生理学和生物化学，同一性、取向、角色和个性，还有思想、感情和性关系。对性学的解释受伦理、精神、文化和道德的影响。

性的生物学领域探索诸如男性和女性的解剖学和生理学、性别和遗传学领域，包括影响性经历的遗传因素。性的心理学领域是人格中性方面和其他心理因素的混合物，涉及亲密关系的发展、爱情的经历、身体形象、自我概念和自我价值、性别身份、与性创伤有关的感觉、与性取向有关的感觉和情感、人际关系、性态度、性决定和沟通技巧。性的社会文化领域影响性和性活动，这一领域涉及社会身份、文化根基和遗产、种族、族群、性态度、性知识和性规范、宗教、传媒、性教育。

二、性别身份理论

从婴儿出生，社会影响就开始形成这个婴儿的性别身份，塑造他或者她未来的角色。每个社会都有一套规则来规定这个社会中的男性和女性应该如何举止。很早的时候，男孩和女孩就学着去遵守这些既定的行为标准，拾捡起这些被他人接受的规则。心理学家试图用精神分析、社会学习、认知发展和性别模式等理论来解释孩子如何做到这一点。

根据精神分析理论，正常的性别类型是指男孩长大而认同于他的父亲，女孩长大而认同于她的母亲。在孩子应对恋母情结（有时在女孩被称为恋父情结）时，这种认同变得复杂。从大约3～5岁开始，人们猜想孩子会对父母中异性的一方产生乱伦的愿望，并把父母中同性一方视为对手。这种情况会在孩子最终认同父母中同性的一方，并发展出与这种性别相关的典型行为后得到解决。

社会学习论从观察学习、认同以及社会化等角度来解释与性别相称的行为的产生。儿童通过观察、尝试和因某种行为而受到奖励来学习什么被认为是男性的，什么被认为是女性的。

在认知发展理论中，儿童形成性别的概念，然后再使他们自己的行为符合其性别的概念。这被称为性别特征形成。到大约七八岁的时候，大多数孩子都形成了性别恒常性。他们意识到即使人的外表和行为都变了，他们的性别也不会发生改变。当孩子认识到性别是永恒的，出于对自己的行为与自己所知道的正确行为的一致性的内在需要，他们自己就会去按照男孩或者女孩"应该的方式"来做事情。

三、性规范

性规范（sexual scripts）是从社会中学习得到的性反应的内容，包括这样一些规定：该做什么；做的时间、地点和方式；和谁做，用什么来做；为什么这样做。你的性规范不仅包括从你的角度来说你认为适合的情节，还包括你对性伙伴的期待。

现在普遍存在三种最主要的性观念和性规范：第一种仍坚持着以生殖为性的唯一合法理由的规范，认为只有为了生殖的性才是正当的。第二种性规范认为，性是爱的需要，认为爱与性是紧密地联系在一起的。有爱才能有性，没有爱的性是不道德的，是违反性规范的。第三种人认为，性的目的是娱乐，性仅仅是人生多种快乐的来源之一。

当这些规范没有被认识、被讨论和不和谐时，不同的规范就会引起性伙伴之间的适应问题，因此要充分尊重对方，也要注意保护自己，每个人都是自己身体的主人。例如，有研究表明男性比女性更加期待婚前性行为。

四、如何远离性传播疾病

有效的预防措施可以防止很多性传播疾病的扩散。

1. 与你的伴侣开诚布公地讨论性传播疾病和避孕套的使用。永远不要因为他人而放弃保护自己。应该由你来决定自己的预防措施。

2. 使用避孕套。使用避孕套可以帮助预防疾病通过阴道（或口腔、肛门）接触而传播。避孕套不能提供绝对的保护，但如果使用正确，的确可以减少接触性疾病和意外怀孕的可能性。

3. 不要共用针头或其他药物器材。即使是文身或身体穿刺，共用针头也一样可能传播疾病。

参考文献：

[1] GREENBERG JS, BRUESS CE, CONKLIN SC. 人类性学 [M]. 胡佩诚，主译. 北京：人民卫生出版社，2010.

[2] 凯莉·威尔奇. 性 [M]. 富晓星，等译. 北京：中国人民大学出版社，2014.

[3] 姚树桥，杨彦春. 医学心理学 [M]. 北京：人民卫生出版社，2017.

[4] 桑德拉·切卡莱丽，诺兰·怀特. 心理学最佳入门 [M]. 北京：中国人民大学出版社，2014.

[5] 理查德·格里格，菲利普·津巴多. 心理学与生活 [M]. 王垒，王甦，等译. 北京：人民邮电出版社，2004.

课堂活动

一、性别差异

活动1：Copy不走样

1. 在相互模仿的过程中，你有什么样的感受？好玩？尴尬？不安？为什么有一部分同学会感到很尴尬、很不安？

2. 男人与女人除了这种不同行为方式的差异外，通常还有什么不同的感情需求？比如在关心、了解、尊重、忠诚、认同、安慰、信任、接受、感激、赞美、肯定和鼓励等情感需求方面有什么不同？

3. 是什么原因导致了差异？是生理结构不同，还是后天教育环境？

活动2：我的性别特质

1. 男女生对于异性和同性的看法有何异同？

2. 你怎么看待这种男女身上的不同特质？是不是越具有自己性别的特质，就越受异性喜欢？

3. 男性与女性之间的特质是否完全不同？

4. 你认为怎样的人格特质是健康的？

5. 自己有哪些男性特质与女性特质，思考这些特质是怎么来的？

6. 对哪些特质感到满意，它给自己带来哪些好处？对哪些特质不满意，它给我带来什么困扰？自己欠缺什么特质，今后会如何改变？

备选活动1：胚胎期选择权

1. 如果你在胚胎期拥有了选择权，你想成为男性还是女性？为什么？

2. 请为你选择的性别做一个人设，他/她拥有哪些性别特质？为什么想拥有这些性别特质？

3. 真实的你，现在拥有哪些性别特质？还想拥有哪些性别特质？想改变哪些性别特质？为什么？

备选活动2：自由联想

性是_____的。

性是_____的。

性是_____的。

二、两性交往

活动：两性交往说明书

说明书

有什么缺漏？有没有想修改的地方？有何感想？

三、两性吸引

活动1：性行为，你准备好了吗

1. 促使大学生发生性行为的原因有哪些？

2. 大学生发生性行为可能带来哪些伤害？

3. 大学生至少应具备怎样的心理基础或性观念，才可以发生性行为？

4. 如果发生了性行为并怀孕，对男生、女生分别意味着什么？

5. 意外怀孕后，我们该如何应对？你希望伴侣怎么做？为什么？（我的性别___）。

备选活动1：情景AB剧

发生性行为之前需要考虑哪些问题？

活动2：握手传递

签名：

1. 艾滋病/性病患者从外表能分辨吗？

2. 如何看待时下所谓的网络"约炮"行为？怎么理解所谓的"高危性行为"？偶尔一两次的高危性行为会被传染性病、艾滋病吗？

3. 哪些途径可以有效减少艾滋病等性传播疾病的传播？

备选活动2：对不起，不可以

1. 拒绝别人以及被拒绝的时候有什么感受？

2. 你能接受什么样的拒绝方式？哪些拒绝理由让你无法接受？

3. 什么情况下你会拒绝别人？通常采用什么理由拒绝别人？

4. 你学到哪些拒绝的技巧？

5. 你为什么不拒绝/什么理由是你感到无法拒绝的？

备选活动3：我的身体疆界

1. 什么情况下身体疆界容易受到侵犯？

2. 面对性骚扰或者性侵犯的时候应该怎么做？

3. 应如何尊重他人的身体疆界？

知识窗

关于艾滋病

人类免疫缺陷病毒（Human Immunodeficiency Virus, HIV），即艾滋病（AIDS，获得性免疫缺陷综合征）病毒，是造成人类免疫系统缺陷的一种病毒。1981年，人类免疫缺陷病毒在美国首次发现。它是一种感染人类免疫系统细胞的慢病毒（Lentivirus），属逆转录病毒的一种。

人类免疫缺陷病毒大量存在于血液、精液、阴道分泌物、乳汁中。其他体液如汗液、泪液、唾液等病毒含量较少，所以一般不会传播。

我们从小就知道艾滋病会通过性行为、血液和母婴传播，那么哪些方式不会传播艾滋病：

在我们的日常生活中与艾滋病患者握手、拥抱、一起吃饭、一起工作均不会被传染。艾滋病病毒也不会通过公共马桶、公用电话、公共浴池、游泳池和餐具传播。由于唾液中病毒含量较少，所以也不会通过咳嗽和打喷嚏传播。蚊虫叮咬所含病毒量较少，传播艾滋病的可能性也较低。

那么除了大家众所周知的两大传播方式以外还有以下途径有可能传播艾滋病：

1. 接吻

接吻过程中大部分是唾液间的交换为主。若有口腔溃疡，则将会有少量血迹进入到别人口中，从而导致艾滋病的传播。

2. 共用个人卫生用品

①剃须刀。可能含有少量血液。②牙刷。可能患者牙龈出血。③毛巾。可能有少量精液。

温馨提示：使用安全套是一种防范艾滋病传播的有效措施。

Ø 请给本节课一个评价吧：

教师本次课的表现：☆☆☆☆☆
课程设计和活动编排：☆☆☆☆☆
班级课堂氛围：☆☆☆☆☆
我的参与程度：☆☆☆☆☆

（康　荔）

第十六章
生命关怀

理论知识

一、活出生命的精彩

每个人都想要活出生命的精彩，都想要在现有的基础上活得更精彩、更幸福。那么如何活出生命的精彩呢。

1. 爱自己，爱现在。无论自己是一种什么样的存在，拥有什么，失去过什么，有什么样的优势，或者什么样的不足，都要无条件地接纳自己，爱自己。当下才是人生最重要的时光，过去的已经过去了，无须伤痛和后悔，未来的还没有到来，不必苦苦焦虑和等待。

2. 学习爱人与被爱。人生在世，每个人都不是一座孤岛，通过和周围的人们建立关系，有助于我们发现存在的价值和意义。为了让自己活得更精彩，要不断地学习如何去爱：在爱的过程中，学会付出，传递自身的价值。同时，要不断地学习被爱，享受他人的关爱，学着信任他人。在人与人的互动与相处中，收获美好的人际关系，体会快乐。

3. 保持生活的乐趣。人活一辈子，最幸运的事莫过于能做自己喜欢的事，还能以此谋生。当然，如果没有办法从事自己喜欢的工作，那么也一定要培养一个持久的兴趣爱好。坐下来，静静地想一想，自己真正喜欢做的事情是什么。在我们的人生中，尤其是当生命遭遇惨淡和无聊的时候，当情绪失控的时候，我们都能从兴趣爱好当中获得持久的乐趣。有人曾说过幸福的人们似乎总是比其他的人有着更多的乐趣。从今天开始，试着去发现和保持自己的某个兴趣吧。

二、大学生心理危机的识别

自杀通常是个体为逃避现实中难以忍受的挫折所做出的迫不得已的选择。自杀不是突然发生的，它有一个发生发展的过程。就算自杀意念特别坚定的人，在准备自杀前的一段时间内也会表现出反常的迹象。因此，当我们遇到身边有人出现下列情况时，应高度警惕，这些可能是自杀的征兆：

1. 经历重大丧失：重大丧失是指意义十分重大的物质或精神损失，如升学失败、失恋、被性侵、亲朋好友的离世等。在重大丧失发生后，个体因无法承受危机事件带来的挫折感和痛苦的情感体验而采取自杀行为。

2. 抑郁情绪：抑郁情绪是极度危险的信号，个体流露出对自己或这个世界的厌恶，认为自己一事无成、没有希望或感到绝望，处在被折磨或极度痛苦的环境。行动上回避同学、朋友或亲人，不想与人沟通，希望独处。情绪低落悲观厌世、情绪反复不定。需要注意的是，太快地从抑郁情绪变得异常平静、开心等，也是一种危险的信号。

3. 表达自杀意图：研究表明，多数有自杀意念的人会直接或间接地向亲人或朋友有所流露，如曾经直截了当地说出想自杀，谈论自己的死或与死有关的话题，在不寻常情况下说"再见"，或在网络社交媒体上谈到死亡或写下遗嘱。

4. 异常行为：主要表现如饮食、睡眠出现反常，生物钟紊乱，酗酒及滥用药物，懒散、学习兴趣大大下降，丢弃或毁坏个人平时十分喜爱的物品或将至爱的物品送人，收集与自杀方式有关的物品，做出一些失去理性或怪异的行为等。

三、大学生心理危机的预防与应对

每一个生命都是十分珍贵的，作为大学生，我们要了解自杀发生前的征兆，慎重地对待每个企图自杀的人，要意识到自杀的征兆实际上是他们的危险求救信号，如果能及时有效地为他们提供必要的救助，及时采取果断有效的措施，则许多自杀现象是完全可以避免的。当发现周围有人流露出轻生的迹象时，我们可以做到以下几点：

1. 及时上报，实时陪伴。当发现自杀征兆时，要立刻将有关信息向辅导员、心理咨询师等学生管理部门积极上报，并在以上人员的安排下，适当陪伴当事人，防止意外的发生。陪伴过程中注意让其远离可实施自杀的环境，如窗户边，或者相关工具如刀片、安眠药等。同时，也要做好自我保护的工作，避免自身安全受到侵害。

2. 认真倾听，适当讨论。对于表达自杀意图者，不应该一味劝说其"不要自杀，要珍爱生命"，而要积极倾听，因为很有可能你是他在这个世界上最后愿意倾诉或分享的人。另外可以适当讨论，"是什么事情没有解决，让你想到死亡""是否已经想过采取何种方式死亡""还有什么让你生有所恋"等等，一方面帮助他疏导情绪，一方面留意收集与心理危机相关的信息作为上报依据。切勿为了满足自身好奇，打探对方隐私揭对方的伤疤，引起对方情绪的波动。

3. 情绪支持，提供帮助。有自杀企图者往往有遭遇无法解决的困难而产生情绪困扰，如抑郁、愤怒、悲伤等，从而想要一死了之，这时，要努力接纳和理解他们的情绪，这有助于他们对于自身情绪的理解和认同。另外，通过为他们做一些小事，满足他们的需要，让他们感到开心，感受到人世的温暖，也是非常必要的做法。

参考文献：

[1] 弗兰克尔.追寻生命的意义 [M].何志强，杨风池，译.北京：新华出版社，2003.

[2] 顾瑜琦，孙宏伟.心理危机干预 [M] 北京：人民卫生出版社，2013.

一、暖身活动

活动：鸡蛋凤凰进化论

这个活动的结果与你的运气息息相关，运气好的人容易进化成凤凰，那么你是如何看待命运的公平与不公平？

备选活动1：点名签到

1. 每个人的生命过程都是这样："出生，活着，倒下，死了"，因此有人认为凭空去追求生命的意义是没必要的，你是否同意这种看法？

2. 时间能够反映一个人的人生意义和价值，珍爱生命，也就是要珍惜时间。你如何看待时间与生命的关系？为什么很多人选择浪费时间浪费生命？

3. 生命教育应该从小开展，而大学时代则没有必要再花时间在这个基本问题上大做文章，你是否认同这种看法？生命教育应该包含哪些内容？

4. 如果一个人真的想死，他在自杀之前就绝不会和别人透露半点想死的念头。这种说法正确吗？自杀之前会有哪些征兆？

5. 如果你的好朋友向你透露厌世的想法，并且一再请求你保密，遇到这种情况你会选择怎么处理？

备选活动2：感恩生命

1. 请谈谈你的感受和体会，在怀孕过程中妈妈承受哪些不便与痛苦？

2. 参加了这个活动后，想对妈妈说些什么？

二、找寻人生价值

活动：价值拍卖

1. 无论是否买到心仪之物，请谈谈你在拍卖过程中的感受。

2. 如果可以自由地选择，你希望拥有哪些项目，这些项目对应怎样的价值观？

3. 为了实现人生的价值，需要付出哪些努力，达成哪些理想与目标？

备选活动1：最难的一次主持

1. 人的生命是有限的，你是否思考过"死亡"这一命题？死亡对你而言意味着什么，让你产生怎样的感受？

2. 人生中会经历哪些角色，它们各自赋予你哪些责任与义务？

3. 你追求怎样的人生价值，或者说你认同什么人生价值？

4. 在有限的生命里一定有你愿意用心守护的，它或许是具体的人或物，或许是抽象的思想、情感，试着和大家分享你所珍视的他/她/它。

备选活动2：直面死亡

1. 我觉得死亡 　　　　　　 因为 　　　　　　

2. 我觉得死亡 　　　　　　 因为 　　　　　　

3. 我觉得死亡 　　　　　　 因为 　　　　　　

4. 我觉得死亡 　　　　　　 因为 　　　　　　

5. 我觉得死亡 　　　　　　 因为 　　　　　　

6. 我觉得死亡 　　　　　　 因为 　　　　　　

7. 我觉得死亡 　　　　　　 因为 　　　　　　

8. 我觉得死亡 　　　　　　 因为 　　　　　　

9. 我觉得死亡 　　　　　　 因为 　　　　　　

10. 我觉得死亡 　　　　　　 因为

三、回顾成长历程

活动：我的人生曲线

过往的经历就好像沿途的风景，虽已逝去但在脑海中留下或清晰或模糊的印记。现在，让我们安静地去发现，去探索过往的事件，看看它们对自己的影响。

1	2
3	4
5	6
7	8
9	10

体验

-5　-4　-3　-2　-1　0　1　2　3　4　5

时间

1. 从过往的人生曲线中你感受到什么？

2. 如果将来可能会失去大部分记忆，只能记住其中的三件事，你会如何选择，为什么？

3. 你是否曾幻想具有穿越时空的能力，如果能回到过去，你希望对过去的自己说些什么，或者希望做出哪些改变？

4. 面对将来尚未书写的人生历程你有什么想法，你希望给自己的人生赋予怎样的意义？

四、活在当下，把握现在

活动：生命十问

① 我在做哪些喜欢的事？

② 当前生活有哪些满意/不满意之处？

③ 最想改进的内在品质是什么？

④ 就算遭到周围人的否定，我依然坚信自己具有的闪光点是？

⑤ 哪些才华是我还没有/不愿意/不自信向大家展示的？

⑥ 我在从事哪些对人生有益的努力？

⑦ 这一年时间我努力尝试做了哪些事，结果如何？

⑧ 这一年时间我见证了自己哪些成长？

⑨ 周围有哪些我所关心的人？

⑩ 周围是否有很多关心我的人？

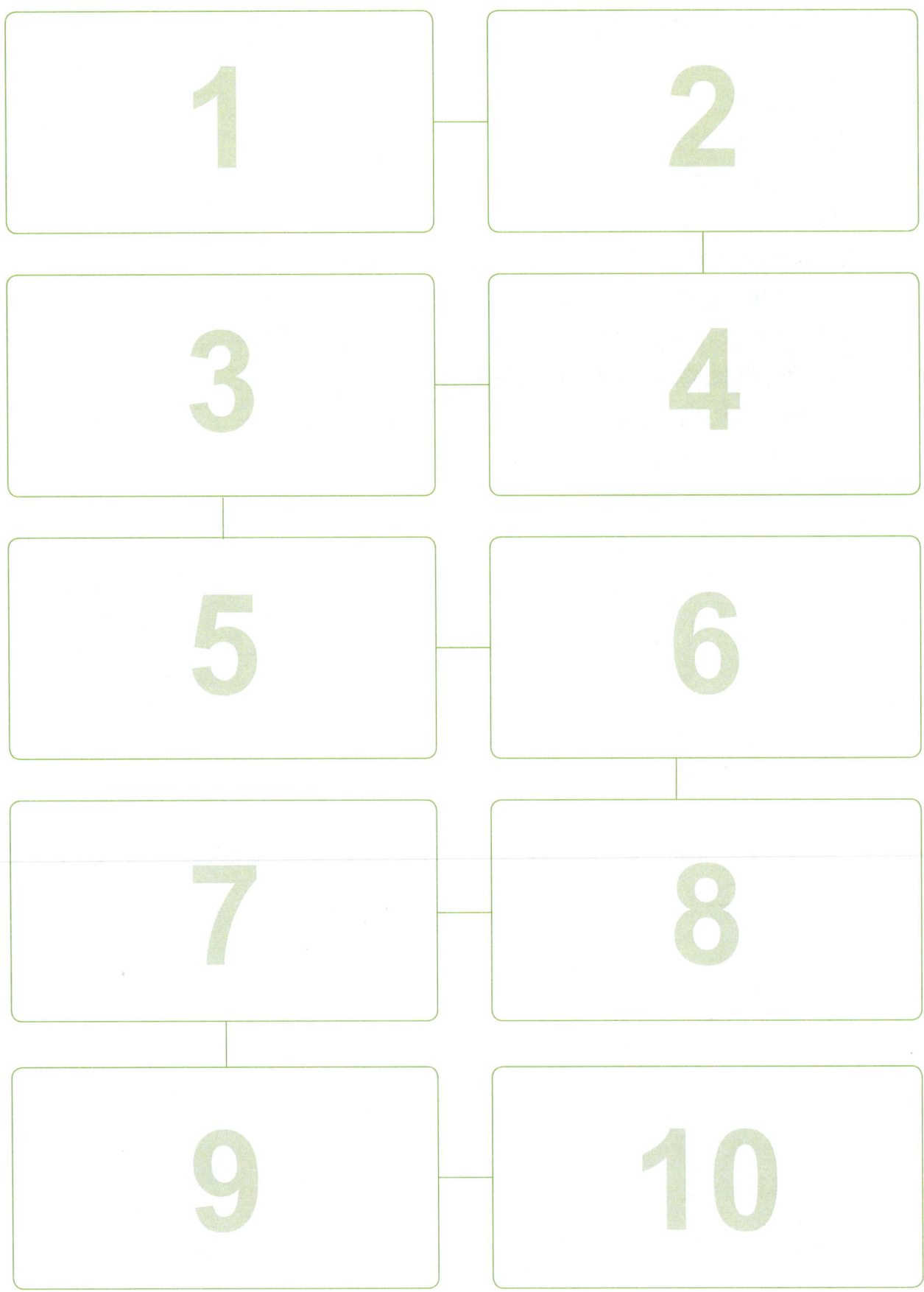

1

2

3

4

5

6

7

8

9

10

备选活动：我很重要

我很重要，因为

我很重要，因为

我很重要，因为

我很重要，因为

我很重要，因为

我很重要，因为

我很重要，因为

我很重要，因为

我很重要，因为

知识窗

不悲过去，不贪未来，心系当下

一个人被老虎追赶，他拼命地跑，一不小心掉下悬崖，他眼疾手快抓住了一根藤条，身体悬挂在空中。

他抬头向上看，是虎视眈眈的猛兽；往下看，是不见底的万丈深渊；他往中间看，发现身边有一朵花，里面有一滴花蜜正要滴下来。这个人忘记了老虎以及将要断掉的藤条，专心地去品尝这一滴甜美的花蜜。这种心态就是活在当下的幸福。

可能有人会说眼看着就要死的人了，怎么还有闲情逸致品尝蜂蜜？关键在于他还没有死。活在当下的人，即使死亡即将到来也无所谓，因为那是下一刻，而他一直活在此时此刻。当我们存在时，我们就还没死，而当我们死亡之后，我们就不存在了，还有什么好担心的呢？

Ø **请给本节课一个评价吧：**

😖　　😊　　🙁

教师本次课的表现：☆☆☆☆☆

课程设计和活动编排：☆☆☆☆☆

班级课堂氛围：☆☆☆☆☆

我的参与程度：☆☆☆☆☆

（周　曦）